反造城市【增訂版】
非典型都市規劃術
CITY REMAKING

侯志仁——主編
JEFFREY HOU —— Editor

11 增訂版特別收錄

作者群

于欣可——二十歲以前在部落跟社區觀察過九二一災後重建，發現教科書上有關民主、賦權的論述好像因為山又高又遠，還沒到達。三十歲以前，參與了一個重要的都市居住空間實驗，雖然還不能說成功，但一直保持樂觀態度。三十歲以後，希望能夠確定人生的社會戰鬥位置，過去所對抗的、反省的跟關注的，能想的更清楚，看的更遠，也找到更多志同道合的朋友，一起往前走。

吳振廷——七年級前段班，中原大學建築研究所畢業，台灣大學建築與城鄉所博士，曾任職於中原大學景觀學系兼任講師，現職為弘光科技大學文化創意產業系助理教授。專長領域為食物研究、文化地景研究、歷史聚落保存與城鄉產業規劃。現今的研究興趣為社區食聯網的研究及社會設計，並持續關注城市發展、文化保存與社會正義等議題。

黃仁志——因緣際會而於大學時開始參與社會運動與社區工作，曾於專業者都市改革組織（OURs）和中華經濟研究院工作。目前為台灣大學建築與城鄉研究所博士候選人，主要研究領域為產業政策和鄉村發展，同時任職於財團法人農村發展基金會從事地方創生相關工作，並持續參與台灣農村陣線活動。

張聖琳——加州大學柏克萊分校環境規劃博士，目前任教於台灣大學建築與城鄉研究所，是新鄉村研究發展中心負責人，同時應聘為廣東工業大學的特邀教授。進入學術界之前，曾是現代舞者，劇場表演者，專題記者，與景觀建築暨環境規劃設計師。著有：《造坊有理》（1999），《生活地景》（1999），以及 *The Global Silicon Valley Homes*（2005）。

許瀞文——美國華盛頓大學人類學博士，現為國立清華大學人類學研究所副教授。研究主軸為都市生活與空間政治，研究地點包括高雄、台北、以及洛杉磯。特別關注全球化、治理、與殖民歷史如何交錯在實質的空間，以及居民如何回應都市生活與空間的變遷。

邱啟新——國立臺北大學不動產與城鄉環境學系暨城市治理國際學程副教授。研究領域為建築與都市環境中之社會與自然關係，關注其中之日常實踐、權力與經濟之互動。本書之士林夜市研究，在近年新加坡環境局重新設計當地攤販熟食中心（hawker center）以重振商機與活力之過程，引起其關注與興趣，並特地派員來臺與作者交流。

吳比娜——台南人，喜歡在大街小巷趴趴走，曾任職建築師事務所、民間基金會，參與多項規劃與社區營造專案，在社區大學開設「城市散步」課程，希望促進人對城市環境的連結。喜歡寫作與翻譯，合譯有《如何謀殺一座城市》、《明日的農場》等書。台大城鄉所，哈佛公共政策與都市規劃碩士。

康旻杰——住台北的宜蘭頭城人，台大建築城鄉研究所副教授，專業者都市改革組織常務理事。參與過一些都市文化地景的調查及保存行動，時而被歸類於社區營造、公共藝術、及都市設計領域，因寶藏巖保存規劃及試營運計畫執行過程的延宕，意外與溫羅汀獨立聯盟結緣。曾嘗試在寶藏巖試辦一合作社書店，未竟之功方知經營一實體書店之喜樂與艱苦。

施佩吟——大學念公共政策，喜歡走進社區的踏實感，畢業第一份工作在鹿谷茶鄉進行田野調查研究，後來去念台大建築與城鄉研究所。人說十年磨一劍，迄今持續投入社區營造，發現越柔軟越彈性越能成事。喜歡連結不同的人和群，專注於都市空間的行動策略、模式和機制，現任原典創思規劃顧問有限公司副執行長。

連振佑——中原大學景觀學系助理教授，台灣大學建築與城鄉研究所博士，曾任經典工程顧問有限公司專案經理、文建會助理研究員。長期關注環境與人的關係、提倡「社群協力營造社區」概念，努力促成Place-making、地方再生、以Temporary Urbanism理念促進「空間分享」；致力以參與式規劃設計手法邀請更多關係人共同邁向協議、自治及共享的生活環境。

大猩猩游擊隊——一群年輕人受到國外「游擊園圃（guerrilla gardening）」的啟發，開始在公共場所中種菜，希望透過行動，喚起大眾對公共空間的忽視及土地使用權的問題。並且透過更多行動、讀書會、網路平台等方式，重新檢視台灣的都市空間、都會型社區營造以及糧食安全問題，期許台灣能有更良好的土地利用方式。

顏亮一——輔仁大學景觀設計系副教授，加州大學洛杉磯分校都市規劃博士。主要研究領域包括　史保存、都市設計、文化地景、與批判式規劃等。在專業上的終極關懷乃是空間與社會正義的實踐，亦曾投身於樂生療養院的保存運動之中。主要著作為《記憶與地景》(2009)，其他著作散見各專業期刊，以及作者的部落格：http://spaces-hope.blogspot.tw。

推薦序

異托邦的故事

劉可強－台灣大學建築與城鄉研究所教授——文

"I am unable to light the fire and I do not know the prayer;
I cannot even find the place in the forest.
All I can do is tell the story, and the story must be sufficient."

引自《森林之門》*The Gates of the Forest*, by Elie Wiesel（1966）

猶太人在漫長尋找家的過程中，對於自己的處境發展出了一種生活態度：「我無法點燃這把火，我也不知道對上帝的禱告詞，我在一座森林裡迷了路，我可以做的就是講這個故事，而這個故事就已足夠。」這段話說明了猶太人在歷史中的處境，千年以來猶太人不斷在尋找安身立命的所在，時至今日都無法安歇，他們能夠做的只是講一個故事。

收納於本書的十一篇文章，每篇都是一個個案的經驗研究，同時它們述說了特定社區或社群的生存故事。故事的背後反應了他們面對生存的真實狀態，而這個生存狀態是有困難的，就如同猶太人的悲運，他們可能所擁有的只剩下記憶，可以講出一個

THE STORIES OF
HETEROTOPIA

個精彩的故事。

本書文章中的主角，不論是原住民、都市底層或邊緣、被都市化過程中受排擠的社群，甚至是新移民、外籍勞動者，他們均嘗試在有限的生存條件中，創造一個可以安身立命的住居環境，以及發展出符合自身條件的生活、生計方式、產業模式。他們的故事內容中有幾個重要面向：

首先，行動的過程是什麼？這十一篇文章並不只是在講事情本身的存在現象，而是在講一個過程，姑且稱為一種行動，透過專業者結合社區、社群，共同發展、規劃出專屬的行動策略。為什麼這個過程如此重要？在過程中我們可以看見誰是主體，以及他們如何跟事情發生關係。此外，這些故事的背後是真實的社會脈絡，不論是社區、地方政府、都市計畫或是法令、制度面的問題，每一個故事都跟機制有關，它們一點也不抽象，是在有限框架裡最真實的處境。

第二，這些個案都在講一種技術，包括如何讓社群充分參與在他們所面臨的處境中，亦即每一個個案裡運用的戰略是什麼，總括為技術面。除了參與的技術外，包含如何面對各種法令限制與政府單位，這些都需要專業的協助。也因此，在許多個案描述裡可看見不同專業者，在行動過程中扮演什麼角色、運用什麼技術，如何協助社群、社區面對這些問題。

最後一個面向是，這些個案都在處理社會中相對弱勢的各種群體，他們都處於地理、經濟性邊陲狀態中，這是他們共同的處境。因此所有行動都在處理社會公正、公平正義的課題，思考社會資源如何重分配，讓這些相對弱勢的族群得到公平正義的對待，包括居住、生產、經濟的正義。理解這些課題背後的意義、價值觀與重要性，需要有一個邏輯，才有辦法理解每一個個案在歷史、社會洪流中的必然性。

以上幾個面向歸納起來，如果在每個個案裡都可以充分地被描述、分析，也就構成我所說的足夠性。在此基礎下，這些故事的出現便非偶然，而足以產生一定的代表性。

除了在書中的十一篇故事外，在台灣還有很多類似的事件，例如目前（二〇一三）台北市正在面對的棘手個案：士林文林苑、華光社區、紹興南街等觸及居住正義與歷史保存的運動，或是苗栗大埔農地變更為都市用地，弱勢住戶被迫拆遷的困境。關於這些重大社會議題，我們現在或許還沒有好的論述、解答方式。但透過這些個案，如果我們可以清楚闡述故事中的深層意涵，便有機會找到更好的答案。

環境規劃與設計這個專業的本質是在處理未來，並不只是解構和分析現況，而是在如何解決現況的困境與問題，因此必然牽扯到對未來的想像與預測。規劃本身是一種行動，在行動過程中找答案，因此我們對事情的看法是動態的，這個動態牽動著我們在不同時段對事情的看法，規劃者服務的對象是社區社群、事件的主體，在互動過程中對行動、實踐應不斷有新的詮釋與辯證。這種動態的行動過程有別於傳統主流的規劃方式（也就是靜態、藍圖式總體規劃模式），我們認為藍圖式規劃方式時常並不能夠解決問題，跟隨社會發展進程，問題與解決方法都可在過程中浮現，對與錯並沒有標準答案。透過個案的實踐，我們逐步尋找到相對更公平、正義的解決方式，這個社會才得以往正面的方向漸進發展。

然而，相對於正統主流社會價值，我們也清楚看到這些案例，是處在非主流的行動架構底下，倘若這些行動累積更多案例而成為主流，那麼必然仍存在另一種非主流的狀態，我們又該如何回應？有些人認為追求社會公平的最終目標僅存於烏托邦式的境界中。也許另一種角度是，我們其實是存在於一種異托邦，即必然有一部分社會的組成是相對於主流的弱勢。引用美國哈佛大學學者王德威先生的觀點「有一種自甘被排拒在外的態度」，即自我認定是在一個大的脈絡裡的邊陲，並累積足夠的說明性，我們追求的目的是讓這股力量持續發酵，在匯聚成主流的同時，做為一面鏡子，提供我們所處社會一個反省、檢討的機會。

推薦序

知識體系、法令制度、與權力宰制

都市計畫的解構與再建構

徐世榮｜政治大學地政學系教授——文

感謝侯老師志仁兄的邀約，讓我能夠簡短的寫一篇短文來祝賀本書的發表，實在是深感榮幸。碰巧，近年來我親身參與了許多浮濫土地徵收的抗爭運動，由此也感受到都市計畫的嚴重問題。這是因為土地徵收往往是都市計畫的後續階段，政府行政單位又通常是把都市計畫當成是土地徵收的公益要件，這使得二者更密不可分；不過，這也表示當土地徵收出現問題，可能也就代表著前一個階段都市計畫是有問題的，因此很想趁此機會來略抒己見，與大家分享心得。

我所接觸的許多土地被徵收戶，大概對於都市計畫及土地徵收法令都甚少接觸，更遑論他們瞭解法令的內容，他們時常非常氣憤的告訴我，他們根本不知道他們的土地及房屋所屬的都市計畫區，其擬訂或是變更已經完成，他們往往是在接到地方政府寄來了土地徵收掛號信時，才知道即將被掃地出門，生命也將完全走樣。問他們為何不知？他們說，政府根本就沒有告知，純粹是黑箱作業。一路走來，許多地方都是這個樣子，攸關公共利益及人民生存命脈的都市計畫就這樣通過了。

那麼，都市計畫的黑箱作業是由誰來操作？是都市計畫委員會，這包含了地方政府都市計畫委員會及內政部都市計畫委員會。地方政府都市計畫委員會的委員僅

DE/RECONSTRUCTING
CITY PLANNING

有少數學者專家予以點綴，絕大多數是地方政府行政官員、議會代表及商界人士，因此，他們大概是在遂行地方首長的意志。內政部都市計畫委員會學者專家的數量雖然是多出許多，但是，在實際召開大會時，政府行政官員的數量仍然是占了相當高的比率，這使得政府行政官員幾乎是可以來主導。由於都市計畫隱藏了龐大的利益，加上許多政治人物往往是與土地利益脫離不了關係，地方首長通常會經由都市計畫來分配利益並鞏固樁腳，因此都市計畫大概已經成為政治利益交換的場域，而不是實踐公共利益的地方。不過，面對各界的質疑與批評，對外而言，政府往往搬出一套「專家決定」的專業迷思，將都委會包裝成專家委員會，嘗試透過專業知識的操弄來抵制外來的挑戰。

這也就是說，基於過往現代化的理念，都市計畫往往被轉化為專業的課題，需由專家來予以決定，專業化被視為是追求完美的最佳途徑，專家們被視之為工程師一般，透過他們對於專業知識的運用，都市計畫的擬定與變更似乎是輕而易舉。許多的專家也皆相當自負，以為他們所擁有的經濟、交通、建築、工程等專業知識就可以用來擘劃都市的未來，他們拒絕相信技術性的規劃無法促進人們的福祉，他們也不願放棄另一個理念，即經由他們所擁有的專業知識與工具的運用，完美是可以達成的，而所謂的「公共利益」也是由這些專家及由其組成的委員會來給予詮釋及界定，一般民眾是無權置喙的，然而他們的權利卻是不斷地遭到侵害。

但是，在西方社會，這樣的理念早於一九六〇年代以降就逐漸的遭到揚棄，惟台灣卻依舊是緊守不放。這是因為在一個多元社會環境裡，他們了解到都市計畫及土地徵收最困難的地方是如何去定義公共利益，尤其是當我們把當地民眾的生存、認同及基本人權等因素放進來一起思考之後，問題就顯得非常的棘手。這個問題其實不單純是專業技術的問題，它不僅僅只是在預估增加多少經濟成長率及就業率，它們更是非常重要的人權及民主課題；也就是說，這個難纏的公共利益問題，是無法用專業技術的方法來予以包裝及掩飾的。

上述的論點也可以由知識論觀點尋得註腳，這也使得過往純然立基於科技理性知識論觀點受到相當大的挑戰。許多學者指出過去的社會科學往往是以科學及技術為主要之判準，以此來決定學術研究是否具有價值，也唯有透過科學及技術驗證的知識才算是真正的知識，其他的知識則是皆可棄諸於一旁。如今，許多學者認為上述傳統的知識論是帶有濃厚的扭曲及偏差，因為它用科技理性來對抗及排除政治與價值的選擇，因為後者是錯誤的、被視之為不理性，並不屬於知識的範疇。知識其實是一種社會建構，它並不純然是由科學及技術的層次而來。其實，人們日常生活之經驗與智慧，也是充滿了知識（或稱地方知識及生活知識），而這些知識及人們的選擇是都市計畫制訂時必須給予尊重並納入考量的。

由此或可瞭解，都市計畫及土地徵收的決策因素其實是包含了各方力量運作的可能性，也就是說，這中間包含了權力、利益、價值、人權及不同的意識型態等，這些因素都應該要給予尊重。但是權力及利益的擁有者為了掌控政策的決定權，往往故意予以扭曲，過度強調科技專家的角色，以此來忽略民眾的日常生活知識及價值的選擇。對於這種扭曲我們絕對不能接受。我們必須重新定位專業與文明的整體關係，並將專家決策的決定權回歸於社會，經由社會理性（非科技理性）之論述來達成決策的選擇。都市計畫應該是一個結合自然科學與人文科學、日常理性與專家理性的共生體，它不能透過個別專業化而彼此孤立，而是必須跨越學科及團體來尋取共識，由此來共同定義與詮釋都市計畫及土地徵收所稱的公共利益。在這當中，地方民眾的意見必須給予充分的重視，將其納入決策之中，也就是說，都市計畫其實是個充滿了政治、社會、利益及道德的重要議題，絕不應由專家或行政官僚所獨占，它必須併入民主的過程中來決定它的方向。

我們的未來是個價值的抉擇，而不是專家在室內的模擬與預測。對於台灣的都市計畫，我們必須努力的重新建構知識體系，並由此來改變法令制度，建立起都市計畫的正當行政程序，讓民眾擁有相對的自主權力。不過，要做到這一點，非常關鍵的，一定要同時袪除權力的不當宰制，否則恐是很難來達成的，這就必須仰賴台灣公民社會力量的壯大，大家都能夠勇敢的奪回自己長久以來被剝奪的基本人權，如此或許才能夠讓都市計畫真正達成其追求公共利益的目標。末了，就我閱讀的心得，《反造城市》一書即是在做這樣重要的事情，它透過在地行動的十一個故事，嘗試來重新建構知識體系及召喚人民的直接行動，並一起來改造我們所生活的城市，我相信它必定會給台灣社會及都市計畫注入一股生生不息的活水。

《反造城市》序

侯志仁——文

圖1
清溪川的建設營造了城市難得的綠地，但也造成附近地段的上流化。(侯志仁攝)

CITY REMAKING: AN INTRODUCTION

二十一世紀的亞洲城市，充斥著全球化所帶來的各種虛榮與焦慮。在閃亮的商業高塔下，經濟與城市結構的轉型，帶動的是土地炒作、社區迫遷、利益與階級衝突。

在東京，為服務跨國企業與白領階級的需求，新商業區與水岸的開發，翻轉了數個世紀建構下來的空間結構，原本低階的臨水社區與工業土地。在首爾，清溪川復育計劃被視為是城市改造新的奇蹟（圖1），也成為其他城市效仿的對象，但清溪川所帶動的城市更新，也直接衝擊到位居市中心大片的小型工廠，以及其連帶的產業與社會生態，而以往高架道路下的市集攤販，更早已被迫遷到新的地點，新的建築雖然有摩登的外殼，但市集已失去原有的顧客與活力。

在香港，都市更新更早已如火如荼地在市中心的老舊社區展開，原有的舊式樓房、市集與小商店，已被昂貴的高層公寓所取代。在灣仔，又稱「喜帖街」的立東街，如今已消逝在龐大的建築工地裡，附近的店家與茶餐廳，則被高級進口車的代理商所取代。在北京與上海也是如此，胡同與里弄快速地消失（圖2），取而代之的是寬廣的街道與高樓、昂貴的物價與消費，雖然有人因取得補償金而一夜致富，但有更多原有的住民被迫遷移到公共設施與工作機會匱乏的市郊。

這些變化都有個共同點，即城市的轉型（或販賣）（Cities for Sale[1]）被所謂都市規劃、現代化與全球城市的願景所合理化。在二十世紀受到批判、膚淺的「理性規劃」（Alexander 2000），非但沒有經過反思而有所轉變，反而更進一步成為城市全球化的工具以及投機者的推土機。在新的世紀，全球城市榮銜的追逐成為單一的價值，都市更新依舊是建商的遊戲，都市規劃所應追求的城市機能與公益，被窄化為整齊（乏味）

1 在Cities for Sale: Merchandising History at South Street Seaport一文中，Christine Boyer（1992）批判紐約南街港的歷史街區在建商所主導的商業化過程中，形同城市的被出賣。

的市容，所有不符合現代化與全球化願景的城市空間與活動，被汙名化為進步的阻礙。在這一連串的轉變當中，消失的不僅是豐富與多樣的城市地景，還有長時間累積的生活模式與價值。在專業掛帥的指導下，人民作為城市空間主人的角色，也隨之被邊緣化。

一 反觀與反造

在台灣，同樣的故事也正在發生。在都市更新的旗幟下，傳統社區與市場被一一改造，風華「再現」成為「再見」。從歌劇院到博覽會，大型建設與嘉年華仍是政績的代名詞。從十四、十五號公園到華光社區，再到社子島，邊緣的社群與城市空間，因為不容於全球城市的意象與土地的利益而被驅趕。在文林苑與永春社區等案例中，開發與更新的腳步更已追上一般的上班族、小市民，甚至地主。而原本在都市範疇外的農村，也因工業區的開發與新都市計劃的執行，而被推土機與怪手淩

虐。除了高官與富商外，整個社會似乎無人能倖免。（圖3）

在這樣的歷史進程裡，制式的建設與更新是否是城市進步的唯一選項？城市營造的模式是否能被翻轉？城市建設與小市民的利益是否一定得是對立的兩方？回應著上一冊《城市造反》的啟示，小市民是否能成為城市營造的主角？而非僅是被迫遷的對象？

所幸，在台灣「進步」的力量並非僅來自於無情的推土機，真正的進步更來自於不少的社區、專業與學術團體的努力。從溪洲部落到樂生療養院，從台東美麗灣到苗栗大埔，社區與專業者不僅頑強地抵抗開發的力量，也同時試圖實現不同的城市與社區的願景，建造一個具公義、開放與多元的社會，他們強調的不只是有品質與特質的空間，更重視空間裡的社會關係、多元的價值與市民的主體性，專業者的責任不是傳統都市規劃中的紙上畫畫，而是與社區站在一起，貼近土地、頃聽民眾的聲音，並扮演積極的角色，在複雜的政治與政策過程中，找尋機會、串連、影響具體的決策，跳脫專業中立的迷思與知識領域的疆界。

案例與故事

這本書的意圖就是要串連這些不同的努力，延續「城市造反」的論點，來建構一個「反造城市」的述說與行動模式，挑戰制式的規劃論述與實踐，也同時批判城市全球化與現代化的迷思。本書收集了台灣城市十一個正在發生中的案例與故事：

從「溪洲部落」與「瑠公家園」的案例開始，我們看到學界與專業者走入社區，從居民與社會的角度看問題，與居民站在一起對抗迫遷的力量。在這兩個案例中，他們進行的不只是抗爭而已，更是行動性的規劃，在制度與政治過程的縫隙中，運用多

圖2
來去匆匆的上海城市地景。（侯志仁攝）

重的網絡，找尋可能性，為弱勢的群眾與社會的公義，在城市中覓得容身之處，並作出制度性與典範的突破，成為其他社區可效仿的先例。

接著在「土城彈藥庫」與「安坑三城」的案例中，我們看到了城市與鄉村的交接處，可以不再是被遺忘的邊陲或是待開發的土地，而是都市生活的新典範，做為都市人口接觸自然生態與農事的窗口，讓城市與鄉村不必是對立、二分的個體，而是緊緊相扣的環節。在這兩個案例中，我們也看到了居民、學界與專業者可以扮演的不同角色：在安坑三城的案例中，專業者可以扮演小學老師、跟著居民一起種菜、向居民學習。在土城的案例裡，居民更搖身一變成為生態與農耕的專家，並主動進行社會的動員，彼此角色互換。

就像在土城與安坑，城市營造的主角不必然是官員或是專業者，這在「新堀江」與「士林夜市」兩個案例中更是如此。攤販與小商家在制式化的城市中發展出自己的生存法則，創造出商機與城市的活力。他們的成功，凸顯了僵硬的理性規劃與城市活力之間的衝突與矛盾。他們指出了城市營造是一個動態的、協商性的過程，過當、封閉的管制，不如彈性與開放的交涉與協調。

公民百姓是城市反造的真正主角，而在台北市的「ChungShan」與「溫羅汀」的案例裡，這些主角更包括了城市的移工與非主流的商業。透過空間與環境的營造（包括命名），少數與邊緣的族群在城市中建立起主體性與認同，凸現自身與相關的議題，同時也讓城市的面貌變得更多元，而這些地點也成為不同群體可以接觸、相互學習的橋樑。此外，透過活動而非僅是實質環境的營造，這些空間與環境的生產方式，也挑戰了空間專業的規範與疆界，再一次的，城市的居民與群體（不管住多久、來自哪裡）才是城市營造的主體。

圖3
818拆政府的抗議，在內政部辦公大樓前把農地種回來。（黃仁志攝）

近年來，臨時性的城市介入或空間裝置，在世界各地形成潮流。羅斯福路的「綠點計劃」與「大猩猩游擊隊」的兩個案例，凸顯了臨時性的空間與活動的植入，如何在城市中扮演催化的角色，於制度的縫隙與漏洞中改變社區、個人與城市之間的關係。雖然壽命有限，他們所帶來的影響，遠超出了他們實質的空間與時間限制。

本書最後以「樂生院」這個進行中的案例作暫時的總結，目的在於突顯城市反造行動是個未完成、甚至無止境的運動，它面對著種種制度性與政治經濟、甚至文化與價值觀的挑戰。但樂生院的案例也讓我們看到希望——院裡的居民從被動到主動，樂生青年不只關心療養院保存的議題，更進一步支援其他相關的社會運動。在事件的過程中，所謂理性規劃的荒謬、虛偽與矛盾也一一被凸顯，真實漸漸浮現。

二十一世紀的城市反造

這本書裡的不同案例，雖然有其各自的時空背景，參與的個人與團體也有所不同，但他

們共同勾勒出一個「非典型」的城市營造模式，我們把它叫做「城市反造」，也就是採取與主流規劃不同的角度、具批判性的觀點，以及以市民為主體來從事城市的營造，從對固有概念的挑戰，來解放城市營造制式的做法，讓當代城市可以變得更民主、開放與包容。如同上一冊所提到的「反叛式規劃」(insurgent planning)，它反映了底層社會對城市霸權的反制，雖然有時也與正式的系統糾纏不清、無法切割，但更重要的是這些行動對不公義的制度提出批判，提供了我們反思與反造城市的基礎。

這本書是一個起點，在有限的篇幅裡，我們無法包括所有相關、有意義、有血淚與精彩的案例。同時，我們也意識到本書所收集的案例幾乎均集中在北台灣。但儘管如此，我們認為本書案例中所呈現的議題與挑戰，也是其他城市與社區所共有的。我們希望此書有拋磚引玉的效果，讓我們來檢視台灣在土地與環境規劃上所面臨的困境，在專業教育、制度改革、日常生活，與具體的空間行動中，多管齊下，尋找出路。

二十一世紀的台灣城市，甚至是亞洲城市，不需要一昧地追求單一的價值與曇花一現的榮景。讓我們重新看看周遭的環境與鄰里，或許我們只是需要更多的平價住宅、多一些的綠地、新鮮的空氣與乾淨的水、可親的社區、開放與多元的文化、自由的集會場所、民主的決策、有公義的社會與經濟，和健康自主的公民。與其等待外力的介入或由他人來代言，不如讓我們立即行動。

【增訂版】誌

《反造城市》原書於二〇一三年出版，一般來說，書的出版可能代表故事的結束或告一段落，但事實上《反造城市》書中的許多案例與行動卻仍持續進行著。六年之後，我們看到當時溪洲部落還在規劃中的協同住宅，終於有了進展；瑠公家園隨著景觀工程的落成，有了新的面貌；溫羅汀的地下莖在新的縫隙中持續蔓延；大猩猩游擊隊綠色游擊行動的初衷，如今透過各地爭相推動的都市農耕政策被實現。而《反造城市》也衍生出《反造再起》一書，收集了台灣新一波的城市再造案例。隨著本書的再版，我們邀請了《反造城市》的原作者，針對部分案例後續的發展做了新的記錄，一方面向讀者說明目前的近況，包括新的挑戰；另一方面也表達城市「反造」是一個動態的、無止境的過程。如同地理學者米切爾（Don Mitchell）對公共空間的註解：公共空間的自由與開放，並非與生俱有，而是需要持續的行動，永遠不能放鬆警惕。城市的反造亦然。

參考書目

Alexander, Ernest R. 2000. Rationality Revisited: Planning Paradigms in a Post-Postmodernist World. *Journal of Planning Education and Research* 19: 242-256.

Boyer, Christine M. 1992. Cities for Sale: Merchandising History at South Street Seaport. In Sorkin, Michael (ed.), *Variations on a Theme Park: the New American City and the End of Public Space.* New York: Hill and Wang.

Mitchell, Don. (2003) *The Right to the City: Social Justice and the Fight for Public Space.* New York: Guiford Press.

1

Safinawlan，讓我們共居！

都市部落的抗爭與新生

于欣可——文

教戰守則

○社會運動與抗爭不是目的，目的是爭取到改變的縫隙：革命是開膛器，社會運動是手術刀，上公部門的談判桌是微型手術刀，最後成敗關鍵很可能是在微型手術上。

○專業者的角色分工與社會位置：提出另類的空間計畫，讓舊的空間計畫相形失色，我們不要只是反對，應該更勇敢的提出新版本，對抗保守唯有創新。

○居民才應該是主體，不應該竊佔運動成為主要行動者與代言者：因為，失敗了我們可以拍拍屁股走人順便再次證明政府無能無恥，但是居民卻沒那麼輕易的離開，居民是主角、是導演，專業者只能夠是武術指導。

圖 1.1
溪洲部落經過近40年的紮根，已經成為北台都會區最重要的原住民文化節點，每逢歲時祭儀（豐年祭），還保有原鄉的儀式吸引許多無法返鄉的原住民族一同參與。（于欣可攝）

SAFINAWAIN, LET'S LIVE TOGETHER!

PROTEST AND REGENERATION OF AN URBAN TRIBAL VILLAGE

溪洲部落位於台北都會區的新店溪畔，是由從花東北上在都會區務工生活的阿美族所建立的部落，目前為止，全台有近三十四個位於河岸邊或都市邊緣的都市原住民部落，許多部落都有被政府以不同理由拆遷的經驗。三十多年來，這些部落被快速的都市發展所吞噬，並被加上都市窳陋地區的污名。在長期缺乏住宅政策的台灣，一般人或許能透過住宅市場來購買商品房，而沒有能力進入住宅市場的都市原住民族，只能不斷的在都市邊地上過著流浪式的「你拆我再蓋，你再拆我再蓋」的生活。溪洲部落便是這類典型的河岸部落[1]。由於不諳法令，一九七〇年代興建以來的家屋被劃入河川區域，必須拆除，在危機之中，居民透過強大的部落內聚力而展開行動，並尋求包括建築、都市計畫專業者與學界的支持，以及組織動員各河岸部落間串連的抗爭活動，最後迫使政府讓步，做出妥協，承諾先妥善安置才拆遷。與此同時，居民與學界共同提出以社會住

1 官方說法：河岸違建部落。

宅作為都市原住民居住問題的最終解決方案，要求政府應該依照原住民族基本法的精神以及保障居住權，用新的思維，解決長久以來無法被有效解決的難題。

本文[2]即是針對溪洲部落在二〇〇七年，總統大選前的拆遷危機開始，紀錄都市原住民——溪洲部落族人與學界一同合作爭取新的創意居住權力實踐的個案，並簡述溪洲部落現況及過去原住民來到都市成為「都市原住民」過程。（圖1.1）

城市拓荒

阿美族有著獨特的耕種文化、捕魚以及野菜文化，這種生活方式世世代代傳承下來累積了許多與自然共生的知識。這一套與自然共生的知識系統，隨著來都市務工的阿美族人被帶到都市，在都市邊緣的荒地上持續的發生作用。溪洲部落的開拓者之一Ichang（漢名張英雄，花蓮玉里觀音部落人），即「發現」了新店溪畔這一塊與花蓮玉里原鄉有著類似空間特質的河岸。起先他並不住在此，只是在工閒時前往，清除高聳蘆葦，整地後進行小型集約耕作，種植野菜、養雞，並使用務工工地回收的材料搭建「搭蘆岸」——阿美族人口中類似中文的「農舍」，用來放置農具與供休息之用。之後，為節省房租，Ichang便帶著一家人搬來溪洲居住，與此同時，Ichang也把這片河岸介紹給了阿美族同鄉，從台北其他地方來到溪洲落腳的族人就慢慢增加了。如同溪洲部落另一位開拓者Ataw-Namoh所說：

> 新店溪河畔很美，而且還有空地，就跟著'Icang、Cilo、Anaw一起種菜、養雞，況且附近還有泉水可以喝呢……我要在這兒落腳！我就開始用不要的板模搭起自己的窩。可以說溪洲部落房子第一個蓋起來的，就是我的……

（溪洲青年讀書會部落生命史訪談，2005）

當溪洲的居住人口越來越多，就開始推舉頭目，Kapah制度（男子的年齡階層）也就慢慢被族人提出，有了頭目，就形成了Niyaro[3]（林易蓉，2009:35）。這是阿美族傳統部落中的「自我性」與「裂解性」在都市中的顯現，亦即，族人離開部落往外遷後，另外找到一塊肥沃的土地，開始Safinawlan（阿美族語，大約的意思是：共同生活，組成新部落），產生了新聚落的頭目、開始舉行Ilisin（阿美族語，歲時祭儀的意思，比較世俗的說法為：豐年祭，但字面意義容易產生誤解），新的Kapah（阿美族語，男子年齡階層）出現，而從母部落裂解出來後，新部落的「自我性」就出現了（謝世忠、劉瑞超，2007；李慧慧，2010）。

隨著空間的擴展與時間的流動，居民在都市河岸邊建立起了一個充滿阿美族特色的都市部落，他們在高灘地上種植阿美族野菜，來到都市的溪洲部落阿美族人，在部落周遭的土地上種植了日常的食用植物。溪洲阿美族人大部分的菜園位於河岸邊，離水很近，甚至夏季暴雨河道高漲時會淹沒，不過河水泡過的土地反而能帶給土地新的養分，土地不需化肥，在河流的氾濫週期裡就可以獲得滋養。菜園的開墾不只是因為文化上習慣「吃草」，也是因為經濟因素，收入不多的溪洲家庭，靠著菜園可以餵養

2 本文部分內容節錄及改寫自作者於二〇一二年完成的《都會區河岸部落的空間抗爭與再創造——新店溪畔溪洲部落的個案》論文，若讀者有進一步參考原住民運動、都市原住民、都市河岸菁紳化、社會住宅有進一步的閱讀需求，可參考該篇論文。

3 Niyaro，是阿美族人稱的部落、村莊，李亦園的語言學考據，更精確的指出原意是「柵欄裡面的人」（李亦園，1957:144）

一家大小。由於居民來自不同原鄉，為了打造居民的集體認同，居民選擇以豐收意象的擣米杵臼作為新的精神象徵，部落人暱稱為「精神堡壘」。精神堡壘除了象徵意義外，在設計上也展現了原住民對空間的實用性取向，雕塑的底座尺度適中，可充座椅使用，部落居民會坐在底座上聚會，「精神堡壘」在輕鬆的日常使用中，建立起部落的集體認同。

阿美族傳統家屋的營造，在一開始蓋庇護所時，除了保留原樹木等自然景觀，也會先在周圍種竹林、樹木，或用竹子製作圍籬，以界定家園的領域；然後才在其間搭建主屋和附屬建築。和主屋相連的「附屬空間」，即菜園、廚房、穀倉、雞棚、豬舍、廁所等。（周穎君）觀察溪洲部落的家屋構成，除了農耕時代穀倉，上述主屋附屬空間仍一應俱全，且這些日常生活的家務空間也大多反映出「中年長女性為一家之主，負責家產之管理經營」的母性特質。傳統阿美族人以母系聯合家族為居住的型態，根據溪洲族人回憶，他們在原鄉的傳統家屋是一大間茅草竹屋作為主屋，內有客廳及臥房功能，而側邊相鄰的另一間竹屋通常作為廚房使用，屋簷下形成迴廊，緊密連通兩個空間並形成一個中介公私的空間（趙慧琳，2010）。

二〇一一年，頭目在所有族人的期待下返回花蓮原鄉，在原鄉秀姑巒溪的河床上找到了一顆代表祖靈的石頭，帶回溪洲部落來，進行埋石儀式，這項請靈行動，是都會區原住民部落前所未見的Pancah傳統儀式，象徵都會部落就地紮根。溪洲部落要讓社會瞭解，開墾者遷移到新店溪河岸，在這裡開墾了近四十年，始終與自然和平共處，而把祖靈請來這裡，更是象徵了世代在此落地生根的決心。（圖1.2）

從四十年前河岸邊三棟不甚起眼的搭蘆岸，發展成至今近四十戶混凝土造家屋的規模，並在一九八四年舉辦了第一次Ilisin，因為有了祭典，有了頭目，也有了象徵與祖靈同在的祖靈石，溪洲，在阿美族的領域觀裡，已經不只是單純的地名或位置的描述，這塊河岸變成了部落，從空間（space）成為了有意義的地方（place）。

迫遷與抗爭

一九八〇年代起，因為台北都會區的急速成長以及市民意識的浮現，快速便捷的城市交通建設意味著台灣脫離發展中國家的意象，而公園及都市開放空間更足以代表著現代與摩登，另外，交通建設及公園綠地的計畫也意味著得以促進新興房地產市場的熱絡。因此，闢建快速道路與公園，成為了後威權時代及解嚴前後邁向現代化國家脈絡下的「社會共識」。從過去台北市政府拆除十四、十五號公園預定地佔用戶；公館寶藏巖；到以交通建設為目的的拆除樂生療養院，再到河岸部落的迫遷、都市底層如新店瑠公圳眷村拆除、華光社區拆除等事件，不管藍綠，都是在現代化與進步的口號下，拆除多年來「看不見」的都市底層社區。

溪洲部落的拆除危機，就是在這樣的歷史背景下出現，二〇〇六年底，台北縣政府發佈大碧潭再造計劃，希望重新整頓從碧潭到秀朗橋的水岸景觀，並於秀朗橋下設

圖1.2
溪洲部落在開墾35週年紀念活動時，長老特別回到原鄉大河的河床上，把象徵祖靈的石頭帶回部落的新基地，意味著，將繼續在這裡紮根、繁衍文化與生命的決心。（于欣可攝）

置橡皮壩，使水位抬高，供更多親水設施的進駐，從過去新店溪河川整治歷程來看，經歷了大台北防洪計劃、新店溪萊茵計劃到大碧潭再造計劃，新店溪河岸的功能不斷改變，河岸之於都市的意義，已經不只是防洪工程所在或是都市的邊界，而是都市中產階級（或曰：市民）的休憩綠地，隨著「建設」的逐步到位，部落也漸感受到周邊日漸高級化的房地產的開發壓力。

二〇〇七年初，台北縣政府開始對於河岸違建部落著手進行拆遷前置作業，這些違建部落包含了新店溪的溪洲部落、小碧潭部落以及大漢溪三鶯橋下的三鶯部落，縣府的拆除的理由是「非法佔用河川地行水區，且十幾年前就已研議拆除，拖至今日已有違常理」，另外，也跟隆恩埔短期安置住宅的完工有關，但除了因為佔用行水區違法、安置國宅落成以及縣府將要進行的重大建設以外，河岸部落作為「水岸第一排」，影響的是新興的水岸房地產市場，因水岸已經成功翻轉，從過去處於都市邊緣、房價「漲不起來」的地帶，到成為都市房地產商品的重要生產工具，以新店溪碧潭至秀朗橋流域來看，從一九九五年開始，依照時間順序就有天闊（部分眷村改建）、湯泉（榮工處土地）、湯泉二期（榮工處及部分軍方土地）、美河市（捷運小碧潭站及新店機廠聯合開發）、碧潭有約（捷運共構宅）等大型建案出現，這些建案在銷售策略上都標榜著「水岸第一排」，且單價也都高於區域行情，值得注意的是，這些私人建案的土地提供者皆為公部門或公營企業，配合縣政府的河岸親水遊憩景觀計劃，成為區域房價飆漲的火車頭。

二〇〇七年中，縣府正式到溪洲部落貼拆除公告，並計劃至部落舉辦「三峽隆恩埔短期安置住宅說明會」[4]，溪洲部落自救會主動聯繫里長，要求與縣府溝通，然而，縣府態度強硬，不願與居民對談，認為違建拆除已是既定政策，只願意辦「安置說明會」而不辦「拆遷公聽會」，情勢陷入僵局。

二〇〇七年十二月八日，總統候選人馬英九前往新店中正國宅拜票，舉辦「打造原住民都市新部落」座談宣傳政策，溪洲部落自救會得知情報後召開緊急會議，大家決定前往拉布條抗議，要求馬英九承諾當選後不拆。會中自救會發言人打斷馬英九發言，詢問馬英九是否「支持溪洲部落的都市新家園，支持溪洲部落不拆？」」，馬英九對此問題似乎有備而來，隨即走下講台，對著發言人跟所有在場媒體說：「你既然來到我們的城市，就是我們的人，你來到台北就是台北人，我把你當人看，我把你當市民看，要好好把你教育，好好的提供機會給你」。此時，所有原住民一陣錯愕，司儀在台上尷尬的圓場，溪洲部落婦女們帶頭在場外奮力的喊著口號。馬英九見情況突變，早早結束這場演說，就往場外走，一走出去隨即遇到部落人早已拉起了布條等著他，一陣混亂之中上車離去。馬英九的發言引發極大爭議，旋即在總統大選藍綠決戰的態勢下成為一顆震撼彈，民進黨猛力的攻擊馬英九歧視原住民，沒有資格擔任總統，「溪洲部落」，開始浮上全國版面，反迫遷運動，就在「馬英九歧視原住民」的選舉口水戰中展開了！

二〇〇八年二月，三鶯部落突遭縣府拆除，吸引大批媒體前往，媒體到了現場發現這裡住的都是窮人、老人，生活環境很差，沒有水電。媒體開始大篇幅報導，此外，拆除過程中還發生孕婦被強制抬出房舍的事件，整個拆除過程在媒體報導裡呈現出來十分粗暴，而縣府僅發表聲明稱居民已佔用多時，且持續增建，一切「依法執行」，然而，這些畫面在新聞上不斷播送，對縣府產生很大的壓力。縣府拆除三鶯的時機頗

4 縣政府蓋來安置拆遷戶的「短期安置住宅」，居民可居住的時間受到限制，並需繳交較高租金，大型集合住宅也並不符合居民生活需求。

為敏感，再過一個月就是總統大選，況且三鶯部落並不像溪洲部落有「大碧潭再造」的政績壓力。其實，縣府選擇拆除的時間點，或許也跟前述隆恩埔安置住宅的落成啟用有關，因為隆恩埔安置住宅入住率極低，縣府考量計畫執行率，若太低將會被調查彈劾，而如果拆除部落房舍，就理所當然可以把族人安置進去，提高入住率。

另考量溪洲部落拆除抗爭尚需要時間處理，僅離隆恩埔國宅數百公尺距離的三鶯部落或許就在這層考量下，被縣政府拆除，然而，縣府沒想到的是部落頑強的抵抗，縣府拆除時的粗暴，經過媒體直播後，獲得了許多人的同情。拆除當日，溪洲部落與後援會、樂生青年聯盟成員、台大原聲帶社學生以及原運前輩胡德夫都到場聲援，有超過十人皆被警方帶走，而縣府的拆除動作雖面對媒體壓力，仍發新聞稿稱「下波輪到溪洲」（2008.2.29聯合報），部落族人雖面臨政府隨時可能來拆除家屋的威脅，仍然不斷的尋求各界支持，並舉辦軟性的音樂會、影展等，讓各界支持的力量得以持續，在此同時，也持續串連其他河岸部落，共同發聲，在這些持續不斷的努力下，給政府形成一股不小的壓力。

就在二〇〇八年總統大選選前一週，台北縣長周錫瑋，主動聯繫立委高金素梅、原住民運動前輩兼歌手胡德夫、台大城鄉所教授夏鑄九，及溪洲部落的代表，當面宣布縣府提供公有土地，讓原住民自力造屋，打造阿美族部落，在找到搬遷的土地前，不會強制拆遷。面對這樣的政策轉彎，部落因對縣府沒有信任感，認為縣府在玩兩面手法，對外仍堅持「就地居住」，對縣府要找地的說法並沒有立即表示同意，而選擇等縣府後續協商。然而，部落知道，之前的抗爭力量並沒有白費，族人在政府堅持拆遷的政策中，爭取到了一個得以協商談判的空間。

圖1.3
與部落合辦參與式設計工作坊，大家手持彩繪旗幟，前往部落新基地插旗，認識基地環境。（于欣可攝）

替代方案

「就地居住」本是溪洲部落反對縣府隆恩埔安置計畫的抗爭訴求，但當政府最後政策轉彎，決定「開放」安置的選項後，溪洲部落族人認為，若縣府的底線在「行水區」，而部落族人的底限在「就地居住」，那麼，部落若能夠找到附近行水區外的公有地，將可增加跟縣府的協商籌碼，與政府重啟協商：（圖1.3）

部落內部先做了滿多次的協調，因為如果一直僵在那邊，那大家居住上面的安定感會很缺乏，所以內部做了很多次協調，那當然有些是個人因素、個人的意見，說希望能夠稍微改變一下抗爭的模式，因為畢竟政府也都提出一個方向，可能就是覓地重建或是其他補助、遷移的方式，那部落內部經過幾次討論，那我們覺得說如果重建，在一定條件上能夠符合部落的要求，那我們就可以討論這樣子，大致上是這樣子。（劉湘琦，2011：52）。

二〇〇八年九月，台大城鄉所溪洲工作小組爭取日本社區營造學界、有多次協同住宅參與式設計經驗的重要專家延藤安弘教授來台，引介延藤教授認識溪洲部落，二〇〇九年起，延藤教授開設實習課，與學生參與溪洲部落的參與式設計，在此過程之中，協助部落凝聚共識，並依據部落的想法，在部落附近找尋位於行水區外的公有地，並向縣府提出「溪洲阿美生活文化園區」的概念，作為同時保障居住權、並讓部落文化得以在都市持續再生的想法。（圖1.4、1.5）

在參與式設計的過程裡，師生們組成的工作小組逐步了解以阿美族文化的可持續營造模式，以及都市河岸部落中公共空間的特性，作為規劃園區的依據。阿美族文化的可持續營造模式建立了一種特殊的空間文化形式，在台北都會區，表現出具有競爭

圖1.4、1.5
台灣大學客座教授延藤安弘，與溪洲居民共學，舉辦過近十場「幻燈會」，透過日本協同住宅案例的分享，讓居民了解透過參與式設計，可以再現重要的居住文化價值。（于欣可攝）

意義力量的宜居城市（livable cities）與可持續城市（sustainable cities）的象徵意義（夏鑄九，2011）。台大城鄉所開始介入規劃過程後，提出「溪洲阿美生活文化園區」，作為提供縣府解決都市原住民居住問題的方案，積極與縣府協商談判工作。另外，城鄉所溪洲工作小組總結部落對未來家屋與部落的想法，協助提出「河岸居住文化與都市共生的希望」文化園區，用以呼應周縣長喊出的「大河之縣」與「大河願景」，試圖遊說首長支持。文化園區作為原住民版本的「大碧潭再造」，撇除違法爭議，提出溪洲部落之於都市、之於水岸的意義，能提供給都市「樂活」、「多元文化」、「生態旅遊」的價值。自此，溪洲部落的抗爭運動止式取得協商談判的入場券，抗爭場域從街頭進入協商談判的縣府會議室。

溪洲阿美文化園區的規劃不曾在政府體制中出現，相關的制度也沒有被建立，部落及城鄉所如同「摸著石頭過河」，只能夠知道「方向沒錯」，但無法知道當下的「方法沒錯」，而縣府首長雖然支持，但整個行政官僚系統卻顯得被動，遇到需要跨局處解決的事項多半原地踏步，部落及城鄉所在推動計畫的過程裡不斷的進入漫長而曲折的協商過程，以及突破性的協議過程，而因為經費資源分別是中央與地方政府的權責，公有土地為中央國有財產局所有，做為規劃過程，還必須創造政治過程中與中央政府、地方政府以及原住民民意代表之間斡旋的空間（夏鑄九，2011）。譬如，當公有土地出租或設定地上權議題涉及中央國產局，縣府原民局需要透過部落及城鄉所，請中央的立法委員出面協調，而譬如興建經費，也卡在中央原民會與縣府原民局對「隆恩埔短期安置住宅」計畫的前案，甚至還引發審計部調查。

除此之外，溪洲部落跟城鄉所溪洲工作小組在會議桌上推動的「生活文化園區」計畫的同時，也還必須有隨時在街頭「推動計畫」的準備，因為雖然有首長的支持，但當首長任期將至，整個行政系統也隨之僵滯，公務系統並不清楚下一任首長的態度，所以乾脆選擇保險的原地踏步。在二○一一年第一屆新北市市長選舉時，推動者即需面對這樣停滯不前的行政系統，在此情況下，一方面部落要作好抗爭動員的準備，隨時進入抗爭狀態；另一方面，部落與城鄉所亦透過管道，接觸兩位市長候選人的競選團隊，把「生活文化園區」結合五都選舉時炒熱的「社會住宅」議題，試著遊說兩位候選人支持。在選前，民進黨的市長候選人蔡英文即來到部落，表示若當選會持續推動生活文化園區，而最後當選的國民黨朱立倫，也在當選第二天，前往三鶯與溪洲部落。朱立倫在現場表示三鶯部落「在沒有更好的解決方式之前，允諾讓原住民就地居住，並改善現有面臨的水電等居住問題。」他也在溪洲部落支持「溪洲部落成為原住民社會住宅典範」。

從社會住宅到協同住宅

在提出具體方案與實行策略的階段，部落與台大城鄉所溪洲工作小組的師生，一起完成了對於都市原住民社會住宅的想法與訴求。在過去，台灣曾經有過國宅，但是從來沒有針對都市原住民族而設計的國宅。因此，部落與城鄉所的工作小組討論了許多原則，諸如：

1. 建築地上物（家屋、公共設施）由部落共管經營

未來生活園區的地上物與設施，為了統一管理與經營事務，宜透過溪洲部落成立法人組織團體「溪洲阿美族文化永續發展協會」，由部落負責管理經營共有產權，經由民主公共集體的過程進行合理的永續經營管理。如此一來，可以在現代的社會組織與行政管理制度下，尊重部落自主，維持原住民對土地人權的基本概念。

圖1.6
與部落合辦參與式設計工作坊，除了大人的活動，也不能忽視小朋友的參與，在大學生課輔團隊的協助下，溪洲部落小朋友也試著畫出心中的家。（于欣可攝）

同時，宣示住宅乃居住人權，並非個人賺取利益的工具。

2. 建築物不轉賣、不轉租

為了避免私有產權所帶來的弊病，所有園區內的建築物均不應轉賣、個人轉租，除了提供居民合理的生活使用之外，不應成為謀取私人金錢財富的工具。同時，藉由自治管理成員名單，維持阿美族園區社區共同體的文化與社會組織特色。

3. 溪洲部落人民團體自治管理

成立法人組織團體「溪洲阿美族文化永續發展協會」，由園區居民組成，在尊重部落文化的前提下，透過民主公共集體的程序，自治管理園區內的公共事務。

4. 原住民與政府新平等關係

透過政府提供土地、經費，阿美族文化園區具有族群特色的經營管理模式，可以產生原住民與政府的新合作模式，突破以往僵化的行政管理窠臼，而形塑原住民與政府的新平等關係。

5. 合理的租金負擔

過去曾有的原住民國宅案例中可以看到許多租戶繳不出錢，並不是真的不願意繳，而是經濟條件無法負擔，所以，可負擔住宅（affordable housing）將會是必要的。

部落與台大城鄉所溪洲工作小組在提出了社會住宅的想法時，同時也理解到過去國宅缺乏對於人居問題的考量，只是大量設計有效率的水泥殼子，塞入最多的戶數，這樣的硬體空間將會使部落瓦解，這也是當初溪洲部落不願意入住「隆恩埔短期安置住宅」的主因之一，一個缺乏參與式設計，不從住民需求角度思考的住宅，將會成為新的災難。另一方面，保存居住文化，並成為原住民族在都會區中重要的文化節點，將會是與政府協商談判的重要籌碼。

因此，溪洲部落與城鄉所溪洲工作小組進一步提出「協同住宅」(cooperative housing)的概念，希望部落的遷移重建應有別於公部門由上而下的單向行政作業，其前置規劃過程也將避免空間專業者技術壟斷，忽略使用者感受的建築設計盲點。阿美族人部落家屋的重建，從此一規劃設計的開端，即宣告它是一個由居住者主導的社區住宅營造過程。參與式設計的協同住宅，將有別於一般都會集合住宅單調、無表情的空間意象，以及現代主義建築偏重保障個人隱私，卻無力打造集體生活樂趣的居住隔離感。如此強調居民參與的住宅設計，將凝聚居民共識，視作最高的規劃操作倫理，除了可望落實都市原住民的基本居住權，更能表現出阿美族人居住文化的獨特魅力，進而豐富大台北都會區的社區空間樣貌。

透過住民集體智慧的分享，除了可創造出更開放的部落居住環境，它本身更是一種開放式的規劃設計。從二〇〇八年以後，溪洲部落開始進入協同住宅的規劃過程，透過不停的家戶空間調查，城鄉所工作小組逐步瞭解每一家戶的個別需求，把握每位住民的生活方式、個人營造的生活型態，及其反映在居住方式上的魅力，另外，有將近一年半的時間，在部落內進行公共空間工作坊，希望每一家屋的住戶除了擁有自己的空間個性外，也能讓公共空間開始長出部落的個性，除了維持過去四十年原部落的公共空間品質之外，更有新生，創造新的居住價值。在不斷舉辦的社區設計工作坊過程中，居民重新理解阿美族語Safinawlan的意義，在都市的土地上，共同建立家園、建立部落，共同居住共同生活。溪洲部落家屋重建的參與式規劃設計，強調和居住者之間的互動，透過空間調查，詮釋這個都市原住民的居住空間，確認其優點、特色，更要讓族人充份自我認同，支持並肯定自己的族群文化，激發出關於人性化居住空間的對話，鼓舞居民構思出更具創造性的協同住宅。這是以社區營造的共同價值，重建都市原住民部落的文化工程。（圖1.6）

溪洲部落與台大城鄉所溪洲工作小組，在發展協同住宅規劃設計及與政府協商談判的同時，也不斷的與其他部落聯繫，這幾年間也與桃園大溪的崁津部落、撒屋瓦知部落、三鶯部落[5]、新竹的香山娜魯灣部落、台中霧峰的自強新村及太平的花東新村、高雄的拉瓦克部落等，分享溪洲部落目前正在與政府的談判協商進度與過程，並分享透過協同住宅作為部落重建的經驗。溪洲部落希望能夠成為第一個以參與式設計進行的協同住宅典範，成為新的社會住宅模式，Safinawlan，將成為都市原住民的新居住模式。

另類的都市居住空間營造實踐

過去，國家對河岸部落的一貫態度，就是視之為違建，當經濟發展還處於發展階段，這樣的違建是被容忍的，因為國家沒有能力解決都市中為數眾多人口的居住問題，這群人就占地搭屋而居，造成有一大比例的都市人口居住在自力造屋的違建之中，這是過去的台灣及現在的開發中國家的普遍都市現象。而當經濟水平提升，城市化面臨質量轉變時，河岸部落違建，就成為都市發展的絆腳石，政府希望除去這些看似破舊的違建，作為都市進步的象徵，在過去十四、十五號公園、寶藏巖的案例中，都有這樣的過程。

從城市規劃與社區建築的角度看，河岸部落提供的是一個異質空間，讓都市生活也可以有與自然共生、友善鄰里關係的特質出現，並尊重不同族群的生活方式。在溪洲部落的案例中，部落與專業者的努力，就是希望讓美好的空間特質以及原住民的環境智慧能夠在都市中保存，並不斷在日常生活之中再生，而在策略運用上，部落與專業者向政府提出此另類的解決方案，希望讓法令下的困境得以透過協商解套，並使政府體認都市原住民的居住文化在都市之中的重要性，以及解決都市原住民居住問題也可以有多贏的策略。做為專業者的同時，我們也扮演了社會倡議者的角色，不只在官僚系統內與之合作，更在外圍與之對話、協商，或著，持續反抗、爭取政治空間的鬆動。我們刻劃了一個在當前的官僚系統具有可行性的願景，讓部落／社區與政府成為夥伴關係。

5 後來，三鶯部落另與政府達成願意自己出錢興建家屋的方案，已不在社會住宅的發展範疇內。

參考書目

黃美英，1985，〈都市山胞與都市人類學〉，收錄於《台灣土著的傳統社會文化與人權現況》，中國人權協會主編。

謝世忠、劉瑞超，2007，《移民、返鄉與傳統祭典-北台灣都市阿美族原住民的豐年祭祭儀參與與文化認同》

林易蓉，2009，《溪洲部落空間尋根-與原鄉部落的空間模式》，台大城鄉所碩士論文

李慧慧，2010，《二〇一〇全國原住民族研究優秀論文集》

趙慧玲，2010，〈溪洲部落母系空間〉，收錄於《2010 Pacificrim 會議文章手冊》

夏鑄九，2011，〈溪洲部落的政治過程〉，Safinawlan（一起建造部落）都市原住民集體居住正意願景研討會論文，由溪洲部落主辦，台灣大學建築與城鄉研究協辦。

劉湘琦，2011，《原住民代表性官僚的理想與現實-以溪洲部落拆遷事件為例》，國立政治大學公共行政學系碩士論文。

聯合晚報，〈下一波輪到溪洲部落〉，2008/02/29/A17/社會。

2

「瑠」住美麗時光

「非列管眷村」的反迫遷行動

吳振廷——文

教戰守則

- 反迫遷行動的三個要訣：跨界動員、拉長戰線、堅持「就地安置」
- 以集體的記憶連結城市的歷史，凸顯「非正式地景」存在的價值，才有機會被保留。

GOOD TIME "LIOU"

SAVING THE HOME OF "NON-REGISTERED" MILITARY FAMILIES

軍區的大門，依舊矗立在灰藍色的天空下，越過水泥橋走進新北市新店區力行路十一巷，巷弄間蜿蜒狹小的通道透出稀薄的陽光，施工的圍籬阻隔了圳道與房屋，散發著拆除工程後那股厚重而沉重的塵煙味，令人感嘆的是那存在半世紀的吊腳樓終究還是被拆了。一個熟悉的身影突然出現在面前，是嫁來此地十餘年的外來媳婦原香，她淡淡地說：「（家被拆了），我還住在這兒」。（圖 2.1）

這是一個極為特殊的場景，在這裡我們進行了一場特殊的反迫遷行動，抗爭的結果也很奇特。政府近年來積極的想讓瑠公圳重見天日，進行圳道復原、景觀美化。然而位於瑠公圳源頭的新店區力行路段有一個「非列管眷村」[1]，是一般市民選擇看不見，也不願看見的都市違建地景（非正式地景），但它卻曾經是電影導演張作驥拍攝《美麗時光》的重要場景。這個聚落在特殊的歷史背景下，安歇於此處，在沒有任何立法的保障效益下，現今因為政府的瑠公圳景觀改造計畫需徵收更多的土地來建造公共設施，有部分民宅被認定是違建而面臨拆除。在沒有任何安置措施下，居民被迫遷出。因此一個從社區連結校園、跨校、跨領域的保衛家園的行動就此展開。這段過程艱辛而漫長，有些人如願留下來了，但是家園的面貌也改變了。那蜿蜒的巷弄依然幽暗，但是那臨水而建的吊腳樓被全然拆除。這番景象既混亂又破碎，這近百戶的居民，

1 「非列管眷村」的定義引用財團法人外省台灣人協會理事長李廣均教授的解釋：眷村指的是國防部列管眷村，全台共約有五十萬眷村住戶（含軍人及其眷屬），而「非列管眷村」主要是指存在於各級政府住宅體制（如國防部、省政府）之外，多半是以違章建築（公地私建）的樣貌存在於台灣各地，原因是當時國防部列管眷村的數量有限（至多只有十萬戶），根本無法完全吸納當時有居住需求的軍人。因此「非列管眷村」是在當時政府默許之下，由外省退伍軍人自行在公有地搭建房舍而發展出來的一種居住型態。然而，隨著時代轉變，加上台灣社會的都市化與資本主義的深化發展，非列管眷村住戶也失去了長期倚賴的政治生態，原先被默許的「自建戶」成了「違建者」，面臨了拆遷搬離的命運。

或留或走，或悲或喜，他們依舊得面對新的一天，從傷痕累累的昨日裡重建起新的生活，一如六十年前的經歷。（圖2.2）

「力行路段非列管眷村」的案例為台灣都市在實踐「非正式地景」的文化保存及「土地正義」開啟一扇窗，提供了不同的觀點與行動，在這場抗爭行動中，居民在歷史的漩渦中近身地與體制搏鬥，本文起筆同時，它已經以一種特殊的方式留了下來，但如同前段所述，它並非完全拆除或是完全保留（當初抗爭行動中專業者所倡言具有保存價值的吊腳樓反而被拆除），留下的居民有些已在此落地生根超過半世紀，有些則是第二代或嫁來組織家庭，甚至是一棲身就是二十年的城鄉移民，究竟是什麼樣的原因讓他們願意堅守在這裡？

歷史的美麗時光

一提到瑠公圳就不得不提到郭錫瑠。瑠公圳開鑿於清代乾隆五年，郭錫瑠有感於當時拳山（今文山公館通往景美左側林木蔥蘢的山頭）一帶的荒地，若能引新店溪的支流青潭溪的水灌溉，有了豐富充足的水源，沃野就可以變成良田，於是變賣家產開始鑿圳工程，然而除了需要克服險惡的地勢環境，還需要克服與原住民的衝突。在歷時二十二年的開發與無數次的重建，終於使這條大圳引著水，從現今的新店區越過景美到了台北市後分為三大支線，在這近三百年的時光中，源源不絕地哺

圖2.1
瑠公家園進行拆除工程中的景象。（吳振廷攝）

圖2.2
瑠公圳家園未被拆除的聚落景象。(吳振廷攝)

育這塊土地。

從水利或是歷史意義上，郭錫瑠開鑿引了碧潭的水源灌溉大台北的農田。新店作為生產的基地，水圳、農地帶形成聚落，賦予有序可理解的象徵秩序，漢人在新店地區的空間秩序逐步形成，從灌溉、飲水、玩樂、洗澡和洗衣皆仰賴瑠公圳提供的豐沛水量，水圳與當地居民的生活是相當密不可分的。瑠公圳宛如是大地之母，水圳代表聚落生成也可視為建構地方集體記憶的所在。瑠公圳刻劃了自開圳以來漢人與原住民的資源競逐衝突，一直到光復後的外省眷村移民駐紮生根，甚至是近代的城鄉移民於此生活交流的故事，這條溝渠串連了多元族群的生活方式與記憶，在現代城市的空間結構上層疊不同的歷史階段及族群互相交錯分布，歷史意義不斷的積累，串連不同族群競爭的過程，故瑠公圳是一個台灣城市發展歷史中重要的文化地景。

民國三十八年國民政府迫遷來台，帶了近百萬的遷徙人口，民國四十七年一群沒有配給到軍人宿舍的阿兵哥，便沿著軍區後方的瑠公圳（現今新店區力行路十一巷，以下稱瑠公家園）一磚一瓦地搭起房舍。這些居民的身分多是軍階低或無家眷的阿兵哥，在當時軍營後方荒蕪的土地上自力營造，他們了解自己沒有「地權」，於是在民國五十七年上書陳情，並且由當時國防部長蔣經國先生親自探視並「口頭承

圖2.3
昔日婦女在吊腳樓前的圳道洗滌衣服。
（瑠公家園提供）

諾」其居住權，讓當時的居民在沒有地權及屋契的狀況下安心居住。

瑠公家園中，其空間代表著當時艱困年代的生活史，也將居民們的生活與水圳緊緊相連。從建築形式上可知一二，居民沿著水圳一戶戶地搭起簡易的房舍，屋舍一戶的單元是由一門、一窗及一斜屋頂所組合成。由於生活空間過於狹小，居民於是在水岸旁搭起「吊腳樓」作為生活空間的延續（圖2.3），這些吊腳樓的柱「腳」呈現出時代的演進，從木頭到砌磚到混凝土時期而至水管灌漿，展現完整豐富的時代性。自力造屋取決於既有的人力以及容易取得的建築材料，也因此在屋舍上，可以清楚看見修補的痕跡，正是所謂歷史的樣貌。在瑠公家園內，公共的空間與私密的空間沒有清楚的界限，門前的路不是路，是一種社交的延伸，此空間視為「家」的一部份，大家只要各自把家裡的椅子搬到家門前，小巷弄就變成鄰里間聊天交流的客廳；你家的屋頂就是我家的陽台，相較於現代社會裡人群間的冷漠，這裡展現出多元融合並互相了解的生活型態。尤其在節慶時巷弄的公共空間成了重要象徵空間，家家戶戶提供拿手菜餚，匯集了五湖四海的美饌，在這看似狹小擁擠的空間中，有著廣闊而溫暖的力道將社區的關係緊緊相連。

上述這種特殊的眷村的鄰里模式有別於現代社會的疏離、僵化，正是冷漠的都市中所缺少的「社區空間」。這條三・八公里的帶狀圳渠串連了多元族群的生活方式與記憶，與周邊不同歷史階段逐漸形成的社區，交織成豐富的生活地景，成了北台灣罕見的臨水而居的眷村。

走入歷史，「瑠」住時光？

都市化的歷程讓瑠公圳改變了模樣，逐漸隱匿在城市空間之中。從民國五〇年代後農業水圳隨著都市化，昔日的灌溉功能成了都市排水，水圳陸續被加蓋。民國七〇年代後都市的開發與更新，圳路變更為建地供商業、住宅或做私人建築用地的使用。民國七十二年瑠公圳開始停止抽水，圳路裡不再有水，最後於民國七十三年結束了原有灌溉的任務，走入了歷史。現今市民看見的圳道多是已經遭填平或加蓋，早已失去原始風貌，水圳在都市化的過程成了消失的地景。

隨著全球城市思考如何親近水、如何「打開」水的潮流下，新北市政府提出「大河之縣」的願景，試圖移植韓國首爾清溪川整治改善計畫，並首先於二〇〇七年投入十九億元，將新莊市中港大排搖身變為仿效清溪川的親水公園，遺憾的是一年後，豪雨導致中港大排淤泥堆積，耗資高額將其清除。而新店的瑠公圳同樣也取經韓國清溪川，從碧潭至景美溪長三・八公里，分五個階段進行圳道再造工程，欲提供一個結合藍帶（流水）與綠帶（植栽）的親水空間，第一段工程在二〇〇九年完工，緊接著將進行第二段的工程，然而第一期規劃設計[2]不當導致使用率低、缺乏維護管理。中天新聞「紀錄台灣」曾對瑠公家園進行專題報導，受訪問的台大城鄉研究所張聖琳老師說到：「瑠公圳與清溪川很不一樣，瑠公圳原本是灌溉系統，如血脈般流經社區，而清溪川則是氣勢磅薄的佇立在商業區，若假設清溪川是一個盛裝打扮的美女，瑠公圳應該像鄰家女一般的和藹可親。可知，若兩者體質本就不一樣，瑠公圳何須被移植清溪川的都市想像？打造的是誰的景觀？是誰來定義瑠公圳的『美麗』呢？」

二〇〇七年第二段瑠公圳景觀改造工程衝擊了瑠公家園，為了興建瑠公圳紀念公園，新北市政府宣稱力行路十一巷、中華路八十三巷位於計劃道路上，沿岸居民只擁有地上房屋所有權，占用的土地分屬農田水利會、國防部、新北市政府工務局所有，因此一百二十餘戶居民（力行路十一巷有五十一戶）的房舍將全部拆除。讓居民憤怒的是始終無法獲悉完整的圳道規劃內容，要求的「原地居住」從來不被視為可能的選項，沒有給予任何安置措施的狀況下，只能被動接受拆遷的命運。

事實上政府亟欲打造的瑠公圳復育計畫，看不見瑠公圳的歷史。新店溪沿岸的景觀改造，其實都是為了爭取新店溪的臨河美景，以房地產開發的手段來帶動都市的發展。從城市發展與居住人權的角度來看，列管眷村可以入住到新高樓大廈（鄰瑠公家園的天闊集合住宅），但所謂的非列管眷村，卻要被強制遷離，無形中加深了台灣社會的兩極化跟空間的隔閡。由上述可知，瑠公家園被歷史剝削了兩次，第一次是國家沒有妥善辦法安置他們，並默許他們可以在「國家」土地上任意蓋房子，由自己想辦法自力營造解決居住問題；第二次被剝削則是被國家與財團以美化都市之名、行土地開發之實而被迫遷離家園。[3]

在無法接受新北市政府的一再迴避居住空間的問題下，居民遂成立「新店瑠公圳沿岸居民自救會」，並四處奔波請求外界的關注與支援，首先自救會主動找了當時正在協助新店溪州部落爭取居住權的台大城鄉研究所碩士生于欣可，希望獲得專業上的協助，並透過于欣可的聯繫，先後動員了台大城鄉研究所、專業者都市改革組織（以

2 台大城鄉團隊針對新北市政府所委託規劃的「台北縣新店市瑠公圳圳道空間再造規劃設計總結報告書」中的規劃內容進行檢討發現，規劃單位對瑠公圳及其周邊現況的不夠了解，導致已完工的第一段水圳有耗能（以馬達抽水挹注瑠公圳）、汙染（垃圾棄置與水圳泥沙嚴重淤積）及使用率低的現象；第二段在設計上未妥善保留眷村文化景觀，以全面拆除再重塑意象的方式「改善景觀」，此舉將徹底抹煞了當地豐富文化的歷史軌跡；第三段的瑠公公園與水景的虛擬連接（已完工），並因設計不當飽受居民的批評；第四段及第五段在報告書中，同樣忽略水圳整治的基本問題。

3 引用由財團法人外省台灣人協會會、台大城鄉所、OURs 專業者都市改革組織共同擬定《城市夾縫中的家——瑠公圳的眷村人「聲」》，未出刊。

下簡稱OURs）、外省台灣人協會以不同的專業進入聲援，以及文史工作者夏聖禮以空間歷史書寫的方式，還原瑠公圳的事件和歷程。《台大意識報》並於二〇一〇年以瑠公圳特刊的方式，重新探討瑠公家園在瑠公圳的歷史。有了這些個人、團體的聲援，景觀改造計畫表面上暫緩下來，但事實上新北市政府拆遷的意圖一直沒有改變。

非「瑠」不可的美麗與哀愁

反迫遷的行動一直沒有停過，終於在歷經三年後有了轉折。二〇一一年三月台大城鄉研究所一年級實習課有一組同學選定瑠公家園做為實習課的題目，由學術單位結合OURs一同推動瑠公家園的空間變革，終於促使當時新北市副市長許志堅主持跨局處協調機制，決定對「新店市瑠公圳圳頭集圳道景觀工程」全線（五段）重新檢視。

上｜圖2.4
台大團隊與自救會進行參與式的規劃設計。（吳振廷攝）

下｜圖2.5
學者、導演、媒體於影像展的記者會上聲援瑠公家園。（吳振廷攝）

由於需要更多人力的加入，於是在張聖琳老師、黃麗玲老師、陳亮全老師的號召下，不到二十四小時經由全班四十位同學討論之後，一致決定暫停手邊的設計題目，組成了「久久城鄉青年——非瑠不可」團隊，分成四大組：意見調查組、文化地景組、家園機制組、設計組進場支援。這一群關心水圳發展的青年公民提出的訴求包括：反對不顧歷史文化脈絡的拆遷行動，以及目前耗能的景觀設計方式，並要求政府應重視水圳文化的保存，重新檢討與思考水圳的再生計畫。除了與公部門之間展開正式的對話之外，團隊也組織跨領域的工作坊，邀請公部門、規劃界、學術界與居民共同擬定出解套的方案，包括：提報文化景觀的機制、公私合作之永續經營配套計畫（寶藏巖的經驗）、水資源環境計畫等，並與執行第二段景觀工程的規劃公司共同研商最好的設計方案。最終目的是回到社區參與之機制，了解居民之期待與需求，發展出瑠公圳與瑠公家園得以共生的願景。

行動的第一步是啟動文化資產的程序，將「瑠公家園」登錄文化地景。城市發展有諸多選項與樣貌，而「瑠公圳吊腳水弄」的保存是一個有願景的新選擇，若能首先透過

4 佈展的構想是將力行路十一巷瑠公眷村設計分為兩段，前段由軍營旁進入到包子店口，透過入口地圖、照片牆的彩繪呈現軍人在此處生活的演變與眷村興建過程的紀錄。第二段是包子店口到瑠公眷村尾，發想以結婚作為此段的主題，傳遞家庭、結婚生子與眷村伴成長的概念，利用轉角空地、水泥牆、水泥牆、半戶外空間等居民的記憶空間進行裝置藝術，將眷村文化特色透過這整條巷子展現出來。資料來源：淡江大學新聞稿（101），〈「瑠」公圳的專業服務，「留」下來的課外學習〉，未出刊。

5 「瑠公圳吊腳水弄」登錄為文化景觀經審查不予提報之理由：（一）、戰後眷屋之一型態，但不夠完整，作為眷村保存的特殊性未足，且影響瑠公圳之整體景觀，又與瑠公圳歷史意象不符合，相對價值較低。（二）、雖然現存狀況在歷史或住戶與自然間有其互動性，但層次未達登錄的水準。另從藝術性等評量，未見美的意境。（三）、部分眷屋為違建，並未有土地所有權，且牽涉到行水安全與生態保育的統合，不宜登錄。

文化資產保存法來將此列為文化景觀保存，就可不受限於違建拆遷條例。自救會於是提出文化資產登錄的申請，主動由居民表達聚落的文化價值。在籌備文化資產登錄的期間，團隊同時也以柔性訴求盼外界聲援，策畫了「瑠住美麗時光」文創影像展，並由淡江大學建築系劉欣蓉老師以課程的方式，帶領學生協助社區進行空間規畫與營造[4]，目的是藉由集體創作、實作的佈展過程中，對內凝聚居民的共識，對外藉由媒體呼籲新北市政府留住瑠公圳眷村的「美麗時光」。為期三週的展覽引發各界高度的關注，在保存行動中形成了另一波的高潮，然而隨著展覽的結束，各方人馬開始產生疲態，雪上加霜的是登錄文化景觀經審查後仍不予提報[5]，由於瑠公家園與審查委員所認定的藝術性、美學概念有差距，這一仗讓自救會燃起的鬥志頓時跌落谷地，加上令人不安的是公部門隨後採取冷處理態度，更讓瑠公家園的居民心生恐懼，社區內開始有不同的聲音，有些人決定接受政府的拆遷補償基金，有些人則決心奮力一搏。（圖2.4、圖2.5）

儘管如此，團隊的社區陪伴仍一直進行著，固定每周三在黃奶奶家前的小院子聚集一起，擺了幾張桌椅，在牆上貼著白壁報紙，接起電腦和單槍，就在星空下開起小型的蚊子電影院。每次播放的影片主題都是關於非列管眷村爭取居住權的真實案例，希望透過影片能讓大家參考其他社區怎麼做，也思考下步計畫。還記得有一次討論到「如果明天就要離開家園，你最想要做什麼？」有人想大聲唱歌給大家聽，因為她從來不曾這麼做；有人想紀錄社區每一個人的影像，因為她想留住家園最美好的印象；最多人選擇抱著街坊鄰居大聲哭著道別，最後，一位阿嬤難過的說：「她不知道要做什麼，只想待在家裡永遠不離開……」。但隨著拆遷的時間越來越近，參與聚會的人數越來越少，同時也浮現了瑠公家園「世代交替」的問題，後期階段還能堅持下去的幾乎都是婦女及阿嬤，男人出外打拼缺席稍稍可以理解，關鍵的是無法動員社區的年輕人。

圖2.6
居民至街頭抗爭，爭取就地安置。（吳振廷攝）

很難動員年輕人的原因是，有多數的長輩在承受多年的迫遷陰霾後不願意下一代繼續承受歷史的悲痛，希望他們能離開傷心的家園，再加上這裡相對的弱勢、保守，「反對政府」的立場、口號難以在家庭中啟齒，以致於反迫遷的核心價值無法進入年輕人的內心。因此越靠近拆遷的日子，悲觀、冷漠、被動的心態加速深植在瑠公家園，但對有決心的居民來說，那一場沒有退路的上街頭抗爭行動勢必要馬上展開。

街頭抗爭，爭取就地安置

二〇一一年十月二十六日晚間，一如往常，固定的班底聚在黃奶奶家的小院子，但氣氛有點不一樣，空氣中瀰漫著顏料的刺鼻味，只見大夥輪流在長桌上的白布條中寫著一個個大字，字裡行間表達出這幾年來的不滿與憤怒，其中有兩位六、七十歲的阿嬤雖不識很多字，仍用那佈滿皺紋的手，一筆一畫把對房子的情感寫在字裡行間：「瑠公眷村≠違建」、「全國非列管眷村戰出來」。

隔日二〇一一年十月二十七日上午，新北市三鶯部落、新店十四張聚落與瑠公家園的居民們，都為了反對迫遷而聚集在行政院的門口，拉起布條大聲喊出守住家園的決心。行動口號：「還我土地、居住正義」，主要訴求「非違建，要安置」。瑠公家園的陣容最小，口號喊得並不大聲，不像其他反迫遷團體的慷慨激昂，只見年邁的阿嬤腰桿挺得直直的，不畏懼震耳欲聾的汽笛聲與眼前成排的拒馬、警察，眼神無比堅定的望著遠方。等到表達訴求的那一刻，年輕的瑠公家園代表慧娟顫抖著手稿，透過麥克風一字一句清楚的念著：「我們今天來到這裡是表達政府對我們的兩次不公義，第一次是之前眷村的數量不夠，長輩們在蔣經國的允諾下，在這邊蓋起了房子，但是國家現在卻不承認；第二次國家以拆除違建、美化城市為目的，認定是違章建築就要趕

我們走，我們誓死都要留在家園！」。慧娟心底明白，為了保護家園唯有爭取、爭取、再爭取。（圖2.6）

激情之後居民來回與新北市政府交涉、陳情，經歷了建築物查估作業、拆遷補償金發放作業及無數次的抗議、妥協，終於在僵持了半年後獲得現任新北市長朱立倫指示暫緩拆遷工程，以保留主建築物、清理門面為主，並保證其任內不會一屋兩拆。出城鄉局所公布的關鍵政策有幾個執行要點：首先不以農田水利地的土地產權線為拆除標準，而是拆除圳道上的違建物為主，同時，依照拆除的面積按相關規定辦理拆除補償金、人口遷移費，若住戶於規定期限內自動搬遷者將發放自動拆遷獎勵金，除外並沒有其它的安置措施。這項決定意味著這五十一戶居民於此時必須當下決定去留。最後僅剩三十七戶居民選擇留下，除了對於家園的情感因素，其次就是來自現實的經濟壓力——縱使拿了補償金也無法負擔市面的房價。於是，他們拿著補償金在原有的主建物內改建，增設了小廚房或廁所，整體居住空間雖變小了，尚且得以居住於此。整體來說，城鄉局以整治景觀公園的實施政策，拆掉了圳道上的建物，讓工程得以順利進行，是故過程中「土地徵收遷移查估」作業因此更具彈性，如此一來使得多數居民得以原地安置，讓瑠公家園以不同的面貌再次與瑠公圳共存。

結語：「就地安置」的意義

瑠公家園反迫遷行動的結果雖然沒有完全成功，但也談不上失敗，證明都市發展或文化保存之間並非只有二元對立，兩次的不正義提醒我們在面對瑠公家園的去留必

6 蘋果日報，2013，〈華光社區的一堂課〉，A28版

須重視「歷史遺留」的問題，即從特殊的歷史情境與空間脈絡去思考聚落與水圳建構的共生關係。由地方結合專業者的力量介入公共領域（瑠公圳、都市土地、非列管眷村）意義上的爭奪，也因為有了自救會、保存團體、專業者、地方政府在過程中的爭辯、談判、抗爭，延後了拆遷的時間，讓公部門更有彈性的重新接納弱勢、突破制度，進行跨領域對話與合作，讓原本侷限在土地產權線劃定範圍的框架下，逐漸拉開視野，讓社會開始重新思考，如何兼顧整體城市發展、文化保存與社會正義。

劉可強、黃舒楣在一篇談論「違建聚落迫遷」議題的社論〈華光社區的一堂課〉[6]中提到，政府官員樂見寶藏巖以非正式聚落之姿成為國際知名景點，帶給城市藝術和文化消費的貢獻，卻未能承認「非正式聚落」對社會發展和基層生計的重要歷史意義，因此呼籲政府停下推土機，不要迴避歷史共業。地景被改變，集體的記憶也可能隨之消失，瑠公家園的歷史與六十年前的軍眷渡海來台、城鄉移民自力營造、以及更長久的瑠公圳演變過程連繫在一起，它是城市歷史的一部分，不應該輕易被抹去。而瑠公家園反迫遷行動最大的價值即在於，讓屬於瑠公圳歷史上的這一群「人」，得以就地安置，他們的存在才能把非列管眷村的歷史和瑠公圳連繫在一起，成就一個更民主、包容的城市。至今，瑠公家園的景觀工程仍在進行著，我不確定未來它會以哪種姿態出現在瑠公圳旁邊，但可以確定的是黃奶奶、原香、慧娟以及她們的小孩會胼手胝足一起為家園打拼，一如六十年前定居在這裡的老兵一樣。

參考書目

中國時報，〈三鶯部落等住戶「歃血為盟」爭土地、三鶯部落自救會〉。2011/18/28/15。
蘋果日報，〈華光社區的一堂課〉，2013/3/29/A28。

3

土城彈藥庫

淬鍊城鄉交界之地的生態綠寶石

黃仁志——文

教戰守則

- 善用非正式的聚會和小行動，有效結合社區中的多元力量，才能可長可久。
- 廣納不同專業團體協助，為行動激發誘人的創意。
- 除了反駁政策的不當之處，也要為社區的願景找到可行性。

THE TUCHEN ARSENAL

WHETTING A PERI-URBAN ECOLOGICAL JEWEL

當都市成為連結全球經濟的重要節點時，「都市化」似乎也被許多追趕經濟發展的國家當作創造產值的重點策略。然而，都市經濟的成長與發展，仰賴的並不必然是空間形式的都市化，而都市化也從來不保證幸福快樂的生活。近年來在各地發生的農地徵收案例，以及工業區與新市鎮開發後的閒置現象，清楚地表明了一味追求都市化的結果，往往不僅未能消弭地域之間的發展差距，反而因為土地徵收、農地轉用，以及不動產炒作等現象，造成地方的緊張關係，同時更加極化社會貧富不均的問題。

儘管晚近對於環境氣候與糧食安全等議題的關注，不斷激發大眾重新思考農業與環境價值，但這樣的關懷與行動，卻經常難以在農地都市化的過程中獲得有力的支持。關鍵性的原因除了當權者對於都市經濟的依賴外，更重要的是既有的制度安排，使得草根民眾與政府部門仍舊處於相當不對等的位置；居民對於另類發展的想像，也往往被公部門或投機者追求土地價值的慾望所淹沒。值得追問的是，當強調「由下而上」的社區營造概念在都市與農村都獲得重視時，為何農地都市化這種涉及大規模空間變遷的事情，仍然為上層的政治決策所掌控呢？以農地為生的居民，是否有機會在城市與鄉村的二分結構中，創造替代性的願景，重新拿回自決的權力？

在城鄉交界之地找回城鄉關係

空間生活特性的差異，使得鄉村與城市長期被視為兩種不同的空間；而當前的空間規劃體制，更為鄉村與城市的地景樣貌，建構了兩套不同的管制模式。這種非此即彼的區分，使人很容易忘記了鄉村與城市一直都是相互依賴、缺一不可的一組多樣化的體系。不管是糧食的生產與運銷、公共設施與基礎建設的服務網絡，乃至於產業分工帶動的客廳即工廠，這些空間功能性的互補與連接，既突顯城鄉的差異又強調彼此的依賴關係。此外，人際網絡的生活聯繫，例如家鄉寄來的農產物資、返鄉參與地方文化節慶活動、城市工作者匯回家鄉的生活補貼、返鄉工作者利用城市經驗與網絡資源為農產品行銷的創意，乃至於城市人周末假日至鄉村觀光休閒，在在深化了空間的社會互動和情感依賴關係。對於這種城鄉互賴共生的重新認識，有助於我們破解不斷追求都市化的迷思，反省過去唯「都市」馬首是瞻的偏差心態，並肯定鄉村的社會價值與潛力，進而以更大的尺度格局，看待城市與鄉村的互動關係。

面對長期為城鄉二分所占據的空間意識，同樣需要以實際的空間經驗來促成城市與鄉村之間更直接的對話；而過去被忽略的「城鄉交界之地」（Urban-Rural Interface），也因此值得規劃者重新認識其價值與潛力。「城鄉交界之地」並非是新生事物，但卻常因為其「邊緣位置」而被忽略。在傳統的空間規劃中，因位處於邊緣交界而具有多重空間特質的「過渡性」，並不為決策者重視；其所呈現的多元樣貌也被視為一種亟待整頓的混雜狀態，只是一個「暫時的空間」，一個等待都市化的空間。但是，如果我們能夠換個角度來看，那麼這種具有多樣性特質的城鄉交界之地，將不只是一個促進城鄉對話的空間，更可以是一個打破「都市化」迷思的重要場域。

為了更清楚描繪這樣的景象與潛力，我們需要一個案例，一個離都市人不太遠的地方，來說明這種願景如何被創造與實現。後文要介紹的，是一個位在城市近郊、坐捷運可達的微型農村——「土城彈藥庫」。在這裡，因為儲放彈藥而長期受到軍事管制的聚落，意外地保留了都市郊區難得的多樣化生態體系，以及軍事庫房與農田民居共存的歷史地景。然而，解禁之後的彈藥庫，隨即面臨以台北看守所進駐為前提的開發壓力。珍惜環境的地方居民，為了保留當地的生態與農耕生活，不斷嘗試以結合生態教育、農耕體驗、有機農業的方式，為這個位在城鄉交界之地的土城彈藥庫，開創

圖3.1
位於城鄉交界之地的土城彈藥庫。（黃仁志攝）

一種新的可能性。（圖3.1）

一個與彈藥共生的城郊農村

場景拉到位於新北市土城的南天母山腳下，出了捷運土城站往山的方向，穿過北二高下的涵洞，映入眼簾的淨是一片翠綠。如綠手指般延伸的丘陵平原裡，錯落著幾片農田和幾處民舍，田裡種植的是萵苣、蘿蔓、青花、白菜、秋葵、麻糬茄，高高聳立的是水果玉米，一旁棚架上還有幾顆尚未採收的番茄，盤據著來年屬於絲瓜、苦瓜的空間，而火紅的洛神花萼在一片青綠中特別顯眼。遠處的山坡上，一座同治年間的林家古墓穩穩地座落在能夠庇祐家族興旺的蟾蜍穴，旁邊的老茶樹如今傍著的是日益蓬勃的咖啡樹，而隔著山稜的另一端，則是滋養夏季脾肺的寵兒綠竹筍。若沒有當地居民的指認與解說，誰知道這裡最盛時期，竟然有著四十幾座大小不等的庫房營舍。

南天母山系下的內埤塘地區，綿延的山系造就地形上的隱蔽功能，相當符合軍事機密與安全考量，因而在一九五〇年代冷戰時期被選為彈藥庫的儲放基地之一（圖3.2）。現在慣稱的「土城彈藥庫」，

全名為「國軍聯勤土城彈藥分庫勤篤營區」，自一九五五年左右完成相關設施的興建後，即負責軍事彈藥之相關接收、儲存、撥發、檢分等作業，並支援淡水河以南及板橋、新店地區三軍部隊，以及外島地區的軍事彈藥補給任務。駐紮庫區內的軍事編組則包括分庫部、彈藥補給組，及三個作業排，庫區則是沿著地形而劃分為三個主要的區域。

儘管彈藥庫的設置需要完整的區域管制，但在財務預算和土地徵收必要性的考量下，軍方僅以每坪八元的價格，徵收部分土地作為營舍庫房與道路之用，並將庫區周邊五百公尺的範圍劃為紅線管制區。因設置彈藥庫而受到管制的面積約為一一二公頃，其中屬於軍方的面積為二十六公頃，其餘則分屬其它公部門與私人所有。除了駐紮的排部士兵軍官外，當時庫區內還住著約一百多名在地居民，但為維持軍事警戒安全，所有人員的出入皆須透過通行證來加以管制。雖然私有土地仍歸個別地主所有，但只能維持農耕使用，既有的房舍也不得改建，連生活作息都得遵從軍方的「九點宵禁」。這種情況使地方居民長期以來形同在軍事管制中生活，也因而形成軍民之間既衝突又共生的特殊關係。

如今是「看守土城愛綠聯盟」餐敘聚會地點的劉家門前，管制時期曾是軍方的歸零靶場。每到試槍的時候，一家人只能連著兩天閉戶不出，聽著外頭砰聲不斷的槍響。那時還在外頭當兵的劉家三哥，難得的放假返家卻遇上這一幕，充滿著哭笑不得的無奈感。劉家最小的劉老師，現在是聯盟總幹事，從小就充滿「小辣椒」般的性格，遇到愛持槍逞兇的哨兵時，經常上演不服輸的對罵情境，有時還會揪伴一起破壞彈藥庫房的窗戶洩憤。但在劉家二姐身上，這種軍民共居帶來的卻是浪漫的愛情。那時剛到彈藥庫服役沒多久的二姊夫，某次在營區內意外遇見了正要外出工作的二姐，一見鍾情，自願請調至位於彈藥庫最深處、但也最靠近劉家的排部，展開追求攻勢，最後如願將二姐娶回家。

家住清水一帶的快樂農夫廖年興，父母透過換田取得彈藥庫內的農地，部分農地現在成為彈藥庫每年舉辦種稻體驗活動的地方。課後總須到田裡幫忙工作的快樂農夫，其實小時候跟大多數當時的小孩一樣，沒有那麼熱衷於農事，有時候會故意忘記攜帶通行證，這樣就無法進入彈藥庫區，也就順理成章地免除了當天的農事。但對廖年中、廖年發和廖彰常三兄弟來說，彈藥庫與北二高的興建是以徵收廖家土地三次為代價的，最後一次甚至徵收了廖家的房舍，一直到透過層層的奔走請託，才勉強換得軍方同意興建現在的房舍。

同樣的場景，對世居內埤塘的邱家來說，軍事管制是造成家族分家與年輕人選擇外出工作的原因。以客家磚砌形式蓋起的邱家祖厝，是邱家在彈藥庫區內僅有的房子。家族人口興盛卻無法擴建，使得邱家在父執輩那一代就早早分家，而年輕一代也因此紛紛外出就業，直到彈藥庫開始解禁後，自工作崗位上退休的邱家堂兄弟，才有幾位回到彈藥庫區，開展有機無毒的農事工作。

儘管在「軍民一家」的政策下，彈藥庫的居民可以申請軍方協助割稻，但與彈藥共同生活始終是件令人提心吊膽的事。因為檢核彈藥而發生的爆炸事件，不只讓彈藥庫區內充斥不少鬼故事，也讓處於軍事管制下的彈藥庫區，始終隔絕於土城的發展之外。這樣的緊張關係在解嚴之後，逐漸浮現為具體的抗爭，而人口與農田相對較多的二、三區，也終於在二〇〇〇年與二〇〇二年陸續獲得解禁。二、三區解禁之時，適逢休閒農業風潮的興盛。在土城農會的資源引入下，配合農委會當時提出的一鄉一休閒政策，陸續在彈藥庫內輔導成立休閒農場，包括：勤篤水稻教育休閒農場、相思休閒農園、陳親家果園、添伯休閒農場，以及提供市民小面積租用的市民農園，當時並計劃增設地區性的農產銷售中心和遊客服務中心等設施。除了休閒農場之外，部分農地地主為求更高的土地經濟收入，將農地出租轉用為停車場或廠房。這些廠房的類型包括：廣告看版製作、木造設備製作、器材組裝、囤放雜糧商品或存放建材等。

彈藥庫走了，看守所來了

二〇〇六年，位於台北汐止與南港交界處的聯勤南港彈藥庫發生爆炸，造成多名士兵的死傷，同時也衝擊著鄰近地區的安全。南港彈藥庫爆炸案引發了社區和地方政府的關注與介入，並促使國防部擬定撤除市區周邊彈藥庫的政策。二〇〇六年十二月底，土城彈藥庫內僅存的一區管制區，隨著彈藥移除淨空而獲得完全的解禁。但迎接彈藥庫完全解禁的卻是另一個夢魘的開始，而這個夢魘就是隨著看守所進駐將帶來的土地徵收與生態破壞。

位於彈藥庫區東北方二・二公里，立德

路上的「台北看守所」，是一九七五年自台北市愛國東路「台灣台北地方法院看守所」遷建而成，面積約一〇・七六公頃，與一九八一年設立的「台北地方法院板橋分院」相互為鄰。台北看守所與板橋分院興建之初，土城人口約為六萬人上下，周邊仍是稀疏的住宅與農田。一九七〇年代中期土城工業區的設置，以及台北核心發展區的向外擴散，使土城的社會人口增加率開始快速增長；台北看守所在越來越密集的住宅區中，變成居民眼中的「鄰避設施」。地方民選之後，看守所能否搬遷他處，成為歷次選舉中的重要政策議題。但在交通可及性和遷建用地取得的徵收問題下，始終未能找到適合的搬遷位置。

在上述二個政策脈絡下，將「台北看守所搬遷至土城彈藥庫，連帶開發周邊土地成為都市計畫區」，順理成章的成為地方政府最直覺的解決方案，並在獲得中央政府的支持與法務部的配合意願後開始推動。

這個名為「擴大土城都市計畫（土城彈藥庫附近地區）」的規劃案，預計將連同彈藥庫區在內的一二八・二九公頃土地，透過區段徵收方式進行重新規劃。由於整個政策是以解決看守所搬遷問題為前提，因此彈藥庫區內相對完整的大面積平緩農耕地便被優先規劃為三十一公頃的「司法園區」，預計遷入台北看守所、台北板橋地方法院及檢察署。丘陵地與公墓用地劃設為公園用地，而其餘農地則是規劃為住宅區和零星的商業區。儘管居民不斷要求當時的台北縣政府提出替代方案，但以納入司法園區為前提、以住宅開發利潤作為安撫地主的策略，卻始終未曾改變。

二〇〇六年十一月，台北縣政府在土城市公所召開第一次公聽會，正式宣布該項政策方案。未曾事前溝通，加上以台北看守所進駐為前提，並採用區段徵收形成不對等的土地產權變更，種種衝擊引發社區居民的強烈不滿，成為抗爭行動的開端。持反

圖3.2
隱匿山中的彈藥庫房。（林春煌攝）

對意見的居民共同組成「反對看守所不當遷移聯盟」(後來更名為「看守土城愛綠聯盟」，簡稱「愛綠聯盟」)，開始進行社區組織工作和抗爭行動。

在社區居民自我組織的過程中，共同在彈藥庫的生活記憶成為重要的話題；家族之間的互動關係，以及經由鄰里網絡拓展的周邊居民，共同組成聯盟運作的核心體系。透過各種非正式聚會，例如晚餐後的茶酒閒聊、成員慶生、共同參與廟宇節慶活動等，居民有機會分享不同的訊息，並凝聚對於社區事務的意見。這些互動經驗，使居民逐步認識彼此的不同專長，不只有助於各種行動的分工合作，同時也擴展並深化生活中的互助關係。

既是抗爭，自然少不了上街頭陳情抗議的場面。從市公所到縣政府、從法務部、軍備局，到環保署，愛綠聯盟的成員不放過任何一個相關單位，也不放棄任何一次可以表達聲音的機會，並在每次的動員準備過程中，不斷擴大協力網絡。居民藉由彼此不同的政治人脈，找來了民意代表、縣議員，和立法委員，協助與市公所建立溝通平台、在縣議會對縣政府的開發政策提出質疑，並邀請法務部長到彈藥庫現勘，以了解當地的生態環境和居民意見。這些過程和成果，為愛綠聯盟在後來的環評審查會議，累積了反駁政策的可觀籌碼。此外，居民也透過網路郵件與環保團體聯繫，並逐步

圖3.3
居民至環保署抗議。
（黃仁志攝）

吸引綠黨、綠色陣線、自然步道協會、台灣蝶會、野鳥學會、都市改革組織、蠻野心足生態協會等團體，提供法律、自然資源調查、有機農業發展、替代方案規劃等專業協助，使反對開發的資料內容與論述得以更為完整。（圖3.3）

在各方力量交互激盪的討論與行動中，大家發現，原來土城彈藥庫的未來，不只是一個微型聚落面臨開發的問題，而是整個大台北地區的生活模式和環境意識，能否獲得轉型機會的關鍵。因此，如何提高議題的層級並擴大社會連結，爭取更多大台北居民的認同與支持，成為土城彈藥庫如何從抗爭行動轉型為空間營造運動最重要的第一步。

淬鍊的進行式：以生態和農業重塑彈藥庫的發展願景

抗爭初期，彈藥庫的管制形象依舊濃厚，也使得許多人認為彈藥庫的徵收開發，只是另一個「事不關己」的政策。要爭取更多人的支持，首先就得讓更多人認識彈藥庫，甚至親近彈藥庫。二〇〇七年九月，居民借助有政治網絡的資源人物，舉辦「戀戀綠寶石，彈藥庫健走」活動，並邀請知名的長跑運動者紀政擔任活動的主角。這次的活動吸引了不少土城人第一次走進彈藥庫，領略彈藥庫的生態環境和農業地景之美。

二〇〇八年四月，在環保團體的邀請與協助下，愛綠聯盟參與了地球月系列活動。社區居民利用連結幾座彈藥庫的大草坪，舉辦「彈藥Cool市集音樂會」，以結合彈藥庫空間特質、各休閒農場的特色農產品，加上生態導覽與音樂表演等活動，為彈藥庫的農業與生態特色拓展知名度。之後維持固定頻率舉辦的市集活動，逐漸成為居民與更多市民大眾溝通互動的平台。二〇〇九年四月，彈藥庫市集擴大舉辦，進一步邀請更多的有機小農與文創工作者參與設攤，並結合在地國小的樂隊、合唱團、舞蹈團、啦啦隊等共同參與表演，同時納入揉茶、米苔目製作等體驗活動，徹底展現彈藥庫的各種資源與潛力。儘管後來因為不同的因素考量而不斷調整市集活動的模式與內容，但「彈藥庫市集」已然成為居民與社會大眾接觸互動的重要平台。（圖3.4）

藉由籌辦彈藥庫市集的討論過程，結合「生態活動」、「農事體驗」、「在地農產消費」的經營概念，也逐漸在居民的生活中發酵。透過居民的不同專長興趣和農場資源的搭配，社區居民開始發展出不同的活動內容，並嘗試透過合作經濟的模式，發展更具特色的地方產業。

為了讓更多人體驗農田工作和農耕文化的景況，社區借重快樂農夫的水稻田，舉辦插秧、搓草、收割，烘土窯、紮稻草人等活動。在這些活動裡，過去長期在補教業工作的劉老師講解著彈藥庫的徵收議題，並介紹水稻的植物構造；具有豐富農田工作經驗的邱家堂兄弟阿寧、輝哥、顯者，示範著插秧與收割的技巧。年輕的一代和志工在幫忙架設棚子和張羅工具過程中，學習傳統的智慧；游家搬出具有歷史的打穀機，讓參與的親子體會到脫穀過程的辛勞與喜悅。擅長烹飪的劉家三嫂、二姐和王家添嬸，幫忙大家準備清涼的仙草和美味的割稻飯。一場活動下來，參加的民眾在田間勞動過程中，不僅真正體會農耕的辛苦、理解居民保護彈藥庫生態環境的心情，更因為親子的共同勞動而拉近家庭關係。對居民而言，分工合作的經驗，不只強化彼此的連結關係，同時也改變每個人的生命歷程。（圖3.5）

擔任愛綠聯盟總幹事的劉麗蘭老師，因彈藥庫開發案而離開補教工作，並在家族成員支持下成立「劉老師自然教室」，從農法實驗、生態教育活動，逐步拓展為社區大學的農耕課程。嫁至新竹的劉家二姐，經常返回彈藥庫協助各種農事工作和課程活動，而二姐夫更希望未來能有機會搬回土城彈藥庫，在這個充滿人情的社區環境中定

圖3.4
彈藥庫市集。（黃仁志攝）

上｜圖3.5
水稻插秧活動。（黃仁志攝）

下｜圖3.6
彈藥庫田園婚禮。（黃仁志攝）

居下來。劉老師自然教室如今已成為居民與參訪者共同討論交流，乃至激發不同生態環境體驗活動的重要場所。

在冷凍空調業工作二十八年的邱顯輝，在徵收案開始前就為了照顧父母而重拾農耕工作。因為參與社區運動而更加堅定環境保護的理念，使得輝哥在蠻野心足生態協會的引薦下，開始向劉力學學習以廚餘堆肥為核心的農耕方法。儘管一開始遭受年邁的父親責罵與反對，但好學的輝哥持續參與各種農改場的課程，同時也不斷在實際的耕作中調整出更適合當地的種植方法。藉由各種網絡的開展，輝哥的菜園不僅收到越來越多的家戶訂單，同時也取得有機認證。剛服完兵役的邱奕豪，如今也加入了父親的菜園工作，使得有著放養雞鴨的「輝要有機菜園」，如今儼然成為彈藥庫區內推廣有機耕作的亮點。

這種更加親近土地、享受農耕、關心環境的轉變，同樣也發生在愛綠聯盟其他成員身上。夜間賞螢、生態攝影、開發餐點、討論農法，如今已然成為居民生活中不可或缺的一環。此外，在彈藥庫開發徵收過程中提供協助的各個團體，以及曾經參與彈藥庫活動的市民大眾，也逐漸發展出與彈藥庫之間的不同關係。有人引介擅長輕食烹飪的麵包店老闆姐弟，到這裡教居民製作健康沙拉和蔬菜美食；有人則是在這裡租了一小塊田地，跟著居民一起學習有機耕作。喜愛華德福教育理念的媽媽們，在此成立小樹苗親子共學教室；鳥會定期在此舉辦解說員培訓的賞鳥活動，農會則開始與各個農場建立更多的合作關係。輔大景觀學系的同學為這裡留下第一批地景模型，而中原大學的學生為洛神花田提出了更多樣的設計。長期在這裡活動的志工，將彈藥庫的農場當作婚宴的場地，也有人因此成了彈藥庫的兒媳。（圖3.6）

網絡的層層開展，也讓彈藥庫有更多國際交流機會。樂生青年帶著地理學者David Harvey來訪，了解台灣都市擴張與土地徵收問題；綠色陣線邀請美國CSA推手伊利莎白・韓德森（Elizabeth Henderson）、泰國米之神創辦人德查・史雷佩德拉（Daycha Sirpatra），和不丹農林部首席科學家多傑・旺楚克（Dorji Wangchhuk）前來，共同交流有機耕作的經驗與案例。日本和平船的巡迴見習每年都來幫忙犁地，而亞太全球綠人則在這裡舉辦籌備會議。在這裡發生的各種活動，不僅讓所有參與者對彈藥庫建立深厚的認同感，同時也為彈藥庫的未來願景，帶來更多的靈感與刺激。彈藥庫不再是一個與外界隔絕的地點，而是一個有越來越多人跟土地發生關係的地景。

未完的故事

土城彈藥庫在經濟地理上的區位變化，是隨土城工業區的設立、都市計劃區域擴大、高速公路的建設，以及捷運站的設立通車，逐漸變成位處土城市中心旁的微型農村。以土地產值的經濟思維來看，一般人很容易就將解禁後的彈藥庫視為土地商機，並套入都市開發的想像。然而，這樣一來便忽略生態與地景特質的豐富樣貌，以及與其共生的社會網絡與人際關係。

土城彈藥庫的案例，正顯露了過去都市掛帥之空間規劃的不足之處，尤其將都市近郊的農地視為「未開發的庶地」，片面的以工商與住宅使用作為空間發展的唯一方式，作為都市發展的唯一方式。如果換個觀點思考，北二高與捷運站所提供的交通可及性，其實正讓土城彈藥庫與核心的台北城市生活，保持著有點黏又不太黏的關係；而彈藥庫所在的區位和其既有的豐富生態體系、山脈埤塘，和農田民居，更可以為城鄉文化的接合、區域環境的整合，乃至於生態社區的實踐，提供各式各樣的生活、產業與環境的實驗機會。

但這一切並不會平白產生。儘管土城彈藥庫在居民和許多市民的共同努力下，有了新的面貌與機會，但土地開發的壓力始終未曾停歇。在目前新一輪的政府提案中，新北市政府朝向將人口相對稀少但生態和彈藥庫相對完整的第一區，開發為司法園區和住宅，將人口與農地較多的第二、三區，以劃入都市範圍但不做任何規劃的方式處理。只是這樣一來，完整的彈藥庫特質將消逝不再，軍事庫房與社區生活之間的歷史與關係也因此被切斷、抹除，彷彿只是草地山坡上的點綴，可以被任意處置。此外，隨著彈藥庫解禁而日漸入侵第二、三區的違建廠房，其所帶來的環境汙染與交通問題，也因為被計畫排除在外而未能獲得有效解決。

這個提案是否成為土城彈藥庫的最終命運，目前仍不得而知，新北市政府始終不放棄司法園區進駐的前提，更漠視開發必然惡化土城彈藥庫每逢豪雨就淹水的危機。值得指出的是，這個新計畫所顯示的並不是地方政府對於社區行動的支持或妥協，反而更突顯地方政府在面對當前的政策困境時，如何透過雙重的行動謀略來鬆動既有的社區抵抗。對比第一區的開發與第二、三區的維持現況，新計畫不只拉高不同立場的地主之間的緊張關係，也意圖分化既有的社區聯盟。一來，這個計畫試圖讓原本處於相同位置的反開發居民，因為不同的權益關係而被分化，同時更激化二、三區原本靜待開發的地主採取行動，以期創造有利於全區開發的政策聲浪。二來，即便全區開發最終無法成局，新計畫也可以試圖營造政策妥協的形象，爭取部分開發以達成台北看守所搬遷的政績。

這個局勢無論對社區或是任何規劃者而言，都是一個相當大的挑戰。究竟我們該如何以兼具批判性和可行性的立場，思考與規劃土城彈藥庫的未來發展願景？又是否可能對既有的發展價值觀帶來更深刻的反思，並為政策規劃的社區參與開創更具創意的行動策略？面對充斥土地炒作問題的城市蔓延現象，如何抵抗每個開發案中的威脅、利誘與分化，並重塑社區團結行動的可能性，這些均是追求空間規劃正義時必然持續遭遇的挑戰；而如何納入多元的生態體系和在地的生活關係，更是開闢替代農地都市化的發展策略時，必須掌握的課題。土城彈藥庫接下來所必須面對的，不只是個別農場的發展策略，更是如何以宏觀的思維，整合出具有整體性且兼具可行性的規劃方案。

空間的實現需要社會創意的在地實踐。相對於掌握制度工具與資源的公部門和規劃顧問公司，為了保衛生態環境而奮戰的地方居民，不僅必須學會洞見制度的病癥，還得積極透過資源的盤整與拓展，在實踐過程中重新論述彈藥庫空間的社會價值。此外，社區運動的願景既涉及政策的制訂，就不免必須考量與政治力量之間的互動與衝擊。面對五都時代中，各地方政府更加激烈追求發展的趨勢，未來該與哪些政治力量形成什麼樣的結盟，也同樣考驗著社區的智慧。

土城彈藥庫的社區力量，並非仰賴居民的同質性，反而是因為政策的壓迫而讓具有不同專長的居民，在各種活動的協調與配合中深化既有的社區關係。彈藥庫內的生態多樣性、有機耕作的地景特質，搭配著與都市服務之間的可及性，讓在地的生活智慧與節奏，得以跟不同的市民創意相互刺激，發展出更多的潛力。這種蘊藏在城鄉交界之地的迷人特質，難以言說，也只能透過實際的參與來體會。如果捷運站的出口，不再只是車囂喧嘩的都市街道，而是生機盎然的菜園，看得見螢火蟲的微光、聽得見樹蛙的低鳴、聞得到泥土的芳香、摸得到菜葉的嬌嫩，感受得到山林農田的新鮮氣息，那麼，所謂的「都市生活」將可以有不同的經驗與意義。而這一切，還需要更多人共同投入更多的努力。

4

混搭の三城幫

輕軌農學、耕遊安坑

張聖琳——文

教戰守則

- 天天務農——不論大街小巷，高樓大廈。只要你願意，為自己在居住的小窩裡，種一盤生菜沙拉吧！
- 從小務農，如果你還小（呵呵！），還年輕，或者有小朋友，請開始「汗滴禾下土」吧！田埂上，菜園裡，茶梯田中，野菜森林內，充滿了萬物生機。這些，是有錢也買不到的人生智慧。
- 隨時找找可耕地，屋頂、陽台、無人管理的鄰里空地，學校校園，社區大廈內的草坪綠地，都可以變成「可以吃的風景」！

NEW URBAN RURALISM

AGROPOLIS EXPERIMENT IN ANKEN, TAIWAN

本章要說的是一群青年規劃師，因為以「農學都會」（Agro-polis）[1]的概念進入一個被遺忘的城鄉交界的老聚落（安坑三城），進而啟發了新北市評估規劃一條安坑農學輕軌的故事。因為他們在被遺忘的安坑三城點點滴滴的嘗試與投入，讓三城農學實驗啟發了新北市安坑輕軌規劃的農學定位。目前，安坑「農學輕軌」已經獲得新北市交通、農業與城鄉三局的共同認可。起草本文的同時，安坑輕軌規劃團隊正在苦思更平易近人的文案，希望將新北市以開發為導向的思考，U-turn成為生產與生活結合的農學都會。我並不知道安坑農學輕軌未來是否過關斬將，成功上壘。但記錄這個過程，無疑是個重要的里程碑。與大眾運輸結合的都會農學，目前是廣義Green TOD[2]概念中重要的目標。

在正文之前，我先將這群來自五湖四海的年輕人介紹給大家認識（圖4.1）：

黃若慈：來自高雄。

楊佳軒：來自汐止。

蕭定雄：來自台中。

劉美孝：來自木柵。

陳大衛：來自新店的香港移民。

圖4.1
混搭三城幫的成員，從左到右柏鈞、美孝、阿濟、佳軒、蕭定、Agata、若慈，以及大衛。
（張聖琳攝）

1 Agropolis意指與農學及耕種結合的都會。

2 TOD原文為Transit Oriented Development，意指大眾運輸導向的開發。

黃柏鈞：來自永和的印尼台灣混血。
阿嘎塔（Agata）：來自波蘭。
李佳璇：來自桃園。
林志泉：來自安坑的阿美族與漢人混血，關鍵的靈魂人物，帶大家進入三城的在地年輕老師，暱稱小志。

二〇一〇年末約冬至時分，四個二十出頭的台灣年輕人（名單上的前三人與小志，也是原來的三城四人幫），因為台大城鄉研究所實習課的田野調查，在新北市安坑五重溪畔，發現了一個近兩百年歷史，似乎被遺忘的老聚落：三城廖家村。在接下來日子裡，以他們四個為核心，呼朋引伴，逐漸形成了包括波蘭青年、香港移民，印尼台灣新生代，與阿美族漢人混血的在地老師所組成的耕讀團隊。這群從二十出頭到五十開外，混搭著不同的文化、年齡、性別、血統，與生命經驗，以台大城鄉所研究生為主力的團隊，戲稱自己為「三城幫」。嘻嘻哈哈的他們，認真的在雙城國小教著鄉土課程，帶小朋友五重溪探險；好奇的和三城廖大舅一起種菜，堅持有機栽培的他們，被鄉親虧說「不施化肥種不好」。在安坑山谷的三城歲月中，他們把自己變成小聚落的一分子，和里長伯搏感情來爭取五重溪不要加蓋成停車場，和菜菜嫲說八卦來發起三城賣菜市集。前前後後、林林總總，他們如游擊隊一般的邊戰邊學，在意外與創意中進行著半城半鄉的另類耕讀實驗。

精確的說，「混搭の三城幫」是個**社區陪伴與培力**的故事，它訴說著二十一世紀台北大都會邊緣，一個半城半鄉的小聚落中，在地的銀髮老農民與外來青壯年規劃團隊，與這個小地方的土地河川交織的都會型農村故事。在台灣的城郊，像三城這樣的都會型農村很多，很典型，半城半鄉，似乎沒有特色，也很不被大家珍惜。因為，汽車在馬路上飛馳穿越、呼嘯而過時，沒有人會注意到，馬路邊屋舍裡居民的生活故事與社區歷史。然而，「混搭の三城幫」的外地成員們，在五重溪畔田野調查時，卻看到了三城扣聯著全球都會農業脈絡的農學文化潛力。因為，居民簡樸的種著自己吃的青菜，彼此交換著新鮮的食材，這是許多有食養環境意識的都會市民，夢寐以求的生活。「混搭の三城幫」在這個社區陪伴的過程中，慢慢的從小學的鄉土與食育教案中呼喚各年齡層的地方居民，珍視自己的聚落環境與農學文化。希望可以找回地方的認同，對抗君臨山谷的大規模山坡地社區開發壓力。以下的篇幅，我們跟著這群「混搭の三城幫」，一起了解他們的新鄉村農學願景與三城實驗。

半城半鄉的安坑山城：人口、產業轉型，與山坡發展軌跡

一提到新北市的安坑，大多數台北或桃園人直接聯想到的，不是高速公路交流道，就是像玫瑰中國城這種位於山坡地上的高密度住宅群落（圖4.2）。隨著交通越趨發達，這些「強勢族群」的勢力也持續擴大，新的建案不斷推出，為台北人打造一個「離塵不離城」的都市田園夢。相較之下，自清領時期即開始發展，存在已有百餘年的在地聚落，以及與之並存的傳統農業價值，卻逐漸遭人遺忘，默默隱藏在安坑的一角。此地早期為平埔族秀朗社與泰雅族原住民的活動範圍。漢人於安坑地區的拓墾，最早始於清領時期，主要是沿著五重溪，從下游往中、上游地帶漸漸發展起來。當時，為了防禦原住民的攻擊，此地的墾戶採用防禦功能較強的石牆「土圍」形式來進行聚落的建造，因而聚落皆以「城」為名，自下游而上共有五個漢人聚落，分別是頭城、二城、三城、四城與五城。

進入日治時期後，日本殖民政府開始在安坑提倡茶葉與柑橘產業的發展。此外，煤礦業也開始興起，許多與「坑」字相關的地名大多為當時的礦區。一直到民國六〇年代以前，煤礦業在安坑都扮演著重要角色，許多人除了務農以外，還得到鄰近的礦坑討生活，才足以維持一家生計，這成了當時安坑住民的典型生活模式。國民政府來台後，因實施三七五減租，安坑地區的耕地開始流失，茶葉與柑橘產業也漸漸沒落。民國六〇年代，政府將經濟政策調整為出口導向的工業化發展模式，在這個脈絡下，國內許多地區紛紛成立加工出口區，而新店市區也開始出現具有一定規模的工業區。在這個時期，安坑的煤礦產業也因為成本過高、難以經營而漸漸沒落，終至完全消失。此後，雖陸續有些工商服務業進駐，但整體而言，安坑已轉變為一處以「居住」為主要功能的地方，其居民大多在台北市、新店市區或其他地方上班，並未在地方上就業。

同時，在政府各種政策推展之下，台北都會區開始迅速擴張。在這波都市化浪潮的影響之下，安坑的地景與人口結構開始產生變化。許多大型山坡地住宅社區拔地而起。大約從一九八〇年代開始，

錦繡社區、玫瑰中國城、綠野香坡、達觀鎮等大型建案相繼進駐，引入大量的外來人口，儼然成了安坑地區的「強勢族群」。

然而，在車水馬龍的安康路背後，有些百年以上的在地聚落，例如三城，這些聚落仍舊以一種緩慢而安定的姿態存在於此。歷經了清代的農林業、日治時期的茶葉與柑橘產業，以及光復初期礦業的興起與衰落，時至今日，這些傳統聚落雖處於一個工業化、都市化的現代社會中，卻仍維持著某種「非現代」的生活形態。無論是充滿歷史感的建築與巷道、社區中親密的人際互動，還是那些近似於鄉村的生活作息，似乎都體現了另一種居住氛圍。

耕讀食養——半農．半士工商的「市」外桃源

看起來淹沒在現代發展中的安坑，卻悄悄的為下一個時代保留住最佳的農學食養文化潛力。只要我們用心觀察，不難發現，在安坑的各個角落，都有各式各樣的菜園農地默默佇立於路邊、河岸邊或社區邊緣，成了另類的都市鄰里綠地。若在像三城這樣的傳統聚落隨意走逛，很容易就能夠發現一個有趣的情況——在裡面，似乎沒走幾步路，就會看到有菜從旁邊探出頭來。除了一些面積較大的菜園之外，更有許多小菜園就躲在建築物與道路之間，即便是屋頂或者隨意的路邊畸零地上，也都長滿了新鮮蔬菜。幾乎可以說，三城就是一個「到處在種菜」的社區，這種現象創造出獨特的「可食地景」。

就作為大台北都會區域中的城鎮角色而言，除了安坑本身的居民可以半農半X，若有便捷的公共交通，或可將「週末農夫」帶入安坑地區。一個有啟發的案例發生在日本的丹波地區，當地的兵庫縣政府設有專門的部門負責媒合有興趣週末耕田的城

圖4.2
1980年代之後安坑高密度的山坡地社區開發，取代原來的茶園地景。（張聖琳攝）

市人，與有閒田待耕的鄉村農夫。以岩座村為例，岩座距周邊的大都會，如大阪、神戶與京都，約一至二小時的開車距離之內。村內的稻作梯田青青入目、疊疊含翠，村莊屋舍景色恬淡，村民生活步調和緩，與都會中上班的緊張生活「差很大」。通常城裡人以家庭為單位，與岩座村裡的農民合夥種田。安坑的半城半鄉有相當的條件可以開發農園。更重要的是，台北都會區，近年來也開始出現白領下田的新趨勢。未來如果安坑地區的輕軌提供便捷的交通，居住在台北水泥森林中的居民，或可輕鬆的到安坑農園，養蜂種菜。

「混搭の三城幫」的農學山城

當許多享譽國際的宜居城市都開始積極推動都會農業，期盼將菜園農地重新種回他們的都市中，這種永續、環保的生活模式，事實上一直都存在於三城，只是並未被我們重視。對於自力打造菜園的居民而言，「種菜」是深深鑲嵌於日常生活中的、理所當然的一件事情，背後隱含著深厚的文化底蘊。當這個傳統的地方文化與未來的輕軌科技能完美結合，將提昇安坑地方的宜居生活與食養型態，為大台北都會區創建一個怡然健康且永續的「農學山城」。

▼可食地景與「菜人」文化

佳軒在其他的幫眾們的協助下，整體調查了三城地區種植食物的地點與形式，並將它們分為菜園與畸零地種菜兩大類：（1）菜園，三城有許多塊菜園，皆零星地分布於不同的地方。例如，廖家古厝的三側皆被菜園所環繞，它們各自屬於不同的居民，卻是由一人所獨力照顧的；（2）畸零地種菜，在三城社區除了房屋後方或庭院中的空地之外，屋頂也是一個可以發揮的地方，甚至是在路邊狹小的畸零地上都可以看到可食地景的樣貌。

這些菜園是辛勤種菜的三城銀髮居民的生活地景。二〇一一年四月的某天，我們在五重溪小紅橋上遇到了推著獨輪車的菜菜嬤，才知道她常常要黎明即起，菜園裡拔了菜，再坐公車到遙遠的南勢角去賣。三城幫眾打起了想要幫助菜菜嬤賣菜的念頭。幫眾們努力說服三城菜菜嬤們，加入五月一日的「日安三城」市集擺攤。但菜菜嬤們普遍覺得，「誰要來買我們這些不值錢的菜呢？」市集開張的前晚，蕭定回報大家，四位菜菜嬤同意擺攤。為了吸引居民參與，讓大家了解三城青菜與鄉土的價值，三城幫還安排了為老人量血壓的義診。為了介紹外來者三城的歷史，也請來耆老廖貴枝做特別的遊城導覽。最重要的當然是那四攤三城地產青菜。

第二天，活動開始前，蕭定雄氣急敗壞地打電話告知，「我們辦活動的老廟埕，來了超過十個菜攤，把所有的空間都佔滿了！現場一片混亂！不是只有四位菜菜嬤答應要來嗎？」呵呵！老聚落的耳語真是威力無窮呀！混亂的場面不正說明了三城老農民私下的耳語網絡，成功的打動彼此一起來賣菜的競爭心理嗎？（圖4.3、圖4.4與圖4.5）

此後半年，美國西雅圖社區菜圃計劃主任Rich Mcdonald先生，華盛頓大學地景建築系系主任侯志仁老師，日本知愛大學的延藤安弘老師，兵庫大學的林麻由美老師，美國社區支持型農業的先驅者伊利莎白・韓德森（Elizabeth Henderson）女士，還有泰國米之神，分別來到三城造訪。同時間，三城幫也從原來的四人幫，逐漸加入各路英雄英雌而成了「混搭の三城幫」，更與地方社區建立了深厚的信任。

去年雙十（二〇一一年十月十日）在里長伯的支持下，三城幫居然要到了一條路邊的畸零地。以種菜為業的廖家皓呆大舅也欣然同意教導三城幫眾夥伴一起來種菜。

圖4.3
日安三城的活動在日興宮廟前老廣場舉辦，賣菜同時衣架上還曬著老照片的社區回憶。（台大城鄉所三城實習課團隊提供）

上｜圖4.4
日安三城的菜菜嬤們開心的賣菜服務顧客。
（台大城鄉所三城實習課團隊提供）

下｜圖4.5
地方耆老帶領著外來民眾遊客，參觀三城的鄉村風貌，介紹著當地菜園。
（台大城鄉所三城實習課團隊提供）

這是一塊細長的畸零地，寬二公尺，長二十四公尺，在皓呆大舅菜園的園籬邊。「這樣你們懶得來的時候，我才能幫你們施肥澆水呀！」料事如神的皓呆大舅，體貼的說。其實，他心裡在想，「這些小鬼到底能來澆幾天的水？還是我來照顧吧！」就這樣，三城幫眾們，花了整個早上翻土、除草、澆水、種菜苗，手忙腳亂，趣味無窮。熱心的里長伯也親自參加了翻土儀式，就這樣大家合力開墾了一塊被居民們暱稱為「研究生菜園」或「台大菜園」的路邊菜圃。

妙的是，這個不起眼的菜圃，突然身價暴漲，成為三城新景點。在第二天下午，突然接到小志老師的電話，「救命呀！台大菜圃已經變成社區景點了。我來澆水，卻被三、四十個社區阿公、阿嬤、叔叔、阿姨包圍啦！他們聽說我們的菜圃，通通都圍在菜圃前面指指點點。說什麼，大學生怎麼會種菜呀？」接連幾天，小志老師同樣成為景點的一部分，並身兼解說員。婆婆媽媽們，有些拍照，有些指導。大家對於「台大菜圃」既關心，又好奇。社區散步時，眾人不約而同的聚在三城幫的菜圃前，說長道短，認為這些大學生的有機栽培，都是高調，怎麼會成功。覺得三城幫的台大學生唸書是很在行，可是種菜實在外行啦！更有趣的是，這些指指點點，完全沒有傷害到三城幫眾的種菜熱情，反而更強化了他們與三城阿公阿媽的感情。既然，同為三城種菜人，相逢何必曾相識。所以，大家就同心協力一起抓菜蟲，天南地北的種菜聊天。第一次種菜的幫眾們，更細心地記錄了台大菜圃的栽植實驗，希望能夠將他們在雙城國小的小朋友帶來三城種菜，親身體驗農家樂，與農民的辛苦。

不輸在起跑點的雙城國小另類耕讀實踐

說到帶雙城國小小朋友來三城種菜的夢想，就一定要回述三城幫在雙城國小的鄉土教學。換言之，三城幫的耕讀山城，並非自己帶著一堆書，成立一個有氣質的書齋，晴耕雨讀。三城幫的耕讀實踐包括上述的，莫名其妙的成為社區景點的路邊種菜，以及，帶著雙城國小的小學生，認識他們自己家園「五重溪－老聚落－三城菜園」的鄉土教育。

華人文化中的父母，總是希望自己的小孩「不輸在起跑點」，從小要接受最好的教育，考最好的成績，讀最好的學校。在安坑地區的雙城國小，嚴格說來，並非當地父母最看好的學校。然而，校長、老師以及家長會成員卻有開放的態度，願意嘗試新的可能。自己就是雙城校友的小志老師，在二〇一一年初帶著三城四人幫拜訪雙城國小的教務主任，雙方同意開始一個以五重溪及周遭老聚落為主軸的鄉土教學。台大研究生組成的三城幫投入教學，對雙城國小來說，也是一種正向的資源與新的刺激。因此，三城幫需要每月一次，帶一班六年級的同學，透過鄉土課程認識地方（圖4.6）。沒有當過小學老師，但當然上過小學的三城幫，就這樣突然變成了國小鄉土學程老師。緊張的準備教材、做河川模型、演練上課的狀況，以及，最重要的是，以猜拳勝負來決定誰上第一堂課，誰上第二堂課。結果，大家念力祈禱課前不要出狀況的美孝出征首役。然後，若慈任教第二堂。安靜的佳軒榮獲第三順位。小朋友

圖4.6
居民們找出了老照片為三城尋寶，希望共同找到三城在地特色。
（台大城鄉所三城實習課團隊提供）

分別認識了五重溪、三城老聚落、菜菜達人與菜園知識。最後還瘋狂的在第四堂課演了即興環境劇，全班high的不亦樂乎！

透過了第一學期的經驗，混搭の三城幫開始更大膽的嘗試校外教學。第二學期的課程裡，除了五重溪、老聚落等原來的課程內容之外，還加入了寫生比賽與菜園耕作。三城幫與里長伯合辦了戶外寫生比賽。小朋友開心的在三城的小紅橋，大菜園或廖家古宅戶外寫生。山坡地社區小朋友筆下生動的畫面，就是三城老聚落的新生命。近三十張的畫，陳列在日興宮圖書館讓三城居民票選喜愛的排序，之後將由里長印製成三城月曆，做為地方伴手禮。小朋友快樂寫生的同時，泰國的米之神與美國社區支持農業的提倡者韓德森女士拜訪了雙城國小的校長、主任、家長會，與老師們。韓德森女士以美國加州柏克萊中小學，結合在地農業與社區菜圃的課程為例，鼓勵雙城國小結合三城農學文化，實驗食養教學。這樣的討論，引出了三城幫的最後一堂課程：帶小朋友到三城種菜去。更重要的是，三城幫也義不容辭的決定與雙城國小研發屬於安坑山城，同時結合在地歷史文化的食養教育全方位學程。

二〇一二年的春天，混搭の三城幫在三城的耕耘也進入了新的階段。研究所的必修實習課結束，也是幫眾們對於三城耕讀實踐的新開始。龍年的春節過後，立春到雨水的節氣之間，幫眾們正在準備和雙城國小的老師們訓練校內種子教師的計劃。主要目標是讓雙城國小的老師有興趣成為種子老師，與三城幫眾一起來研發「山城教案」。由小志和柏鈞擔任總召集人的「山城教案」同時包括了四個部分：（1）食育農學：全球以及台灣觀點的農學教育（佳軒）；（2）吃喝三城：飲食文化及安坑美食（大衛與阿嘎塔）；（3）笑傲三城：安坑歷史地理與社區（若慈與蕭定），以及（4）遊走三城：社區實踐、田野調查與戶外參訪，當然包括三城耕種（美孝）。三城幫希望透過每年級一班的種子老師對於「山城教案」的實驗教學，逐步修正教案與教學法。這樣，雙城國小的小朋友，保證不會輸在起跑點！

安坑的未來：輕軌農學，耕遊安坑？

從二〇一一年冬到二〇一二年春，珍惜老聚落與鄉村農學文化的三城幫眾，在思考與規劃安坑地區的未來時，經歷的最大衝擊與內部討論的情況發生在二〇一二年四月，新北市政府的安坑輕軌捷運線開闢評估。政策面主推三環三線的新北市政府，自朱立倫市長二〇一〇年底上任後積極籌建捷運系統。安坑輕軌也是其中一條，它將通過老聚落的附近。為了開發輕軌的機場，有一片林相豐富的低海拔次生林將會被剷除，作為機場基地。然而，更關鍵的議題是，輕軌的開通，對於早已過度開發的安坑山坡地，安靜的三城，及附加的老聚落，到底會帶來什麼樣的衝擊呢？

對於輕軌的進入，來自各地的三城幫眾們從自己的生活經驗、規劃設計的專業，以及對環境的態度，開始對老聚落的未來論戰起來。其中環境保育運動出身的柏鈞極度擔憂，輕軌的開發是將城市與鄉村的拉鋸戰更直接的帶到三城門前。「我們應該採取高度懷疑以及監督的態度，審視開發案的內容」，他激動的衝著我說。幫眾有人點頭稱是。「那麼，我們不是環保團體，我們的社區與空間規劃專業到底能在這個重大政策中，為老聚落做什麼？」我揚聲問到。有人低頭思考。規劃建築專業的阿濟與人文經濟史為基底的蕭定則傾向在這個過程中，應該先與輕軌規劃團隊合作，將三城幫對於農學都會以及農生文化的理想帶入規劃案中，成為規劃目標與行動方案，如此才能更落實三城幫和老聚落居民以及雙城師生不斷激盪出的安坑山城農學願景。幫眾們圍著城鄉所公館一樓的大桌子，激烈的辯論著不同的情況。這是一間開放的教室，所有進出公館的老師同學或訪客，都會經過這個教室。不小心在此時出現在教室周邊的路人們，莫名的看著、聽著炮火四射的言語激戰。沒有誰是誰非，也沒人知道安坑山城的未來到底如何。

走筆至此，已是二〇一二年的立冬時分。春去冬來的日子裡，三城幫的阿濟成為安坑農學輕軌的主力。緣起於新北市安坑輕軌評估案的規劃團隊，認同三城幫的農學三城實驗，決定將安坑輕軌定調為農學輕軌，希望這條輕軌除了一般的運距與載客，能夠開發出耕遊安坑的半農半X乘客。目前，新北市的交通、都發、農業等三局長均認同都會農學的方向。輕軌團隊更提出「都會農學在安坑」的願景，希望符合兩個主要精神：（1）具體陳述都會農學發生在安坑，可讓人想到安坑就想到農學（如竹子湖的海芋、侯硐的貓村、萬里的海蟹）；（2）強調都會農學之點綴城市生活、教育推廣等特性，而不致與其他傳統農業生產或傳統觀光農業混淆。

春去秋來，四時輪轉。農學都會、社區農學與耕讀教育在三城幫的小實驗中逐漸萌芽在居民、學生以及政策制定者的生活與專業實踐中。對離開農耕甚久的城市人來說，「回農」需要從日常生活的護育投入開始，才能逐步的重新理解與關心健康的環境與健康的飲食，以及更進一步了解農夫們「汗滴禾下土」的辛勞。三城實驗是一個年輕人透過農學與社區、學校及政府互動經過一年加半載的一小步。這樣的實驗可以發生在任何一個讀者的身邊與生命中。只要您願意開始呵護一株幼苗，從發芽到採收，生命絕對給您無盡的喜樂。

5

計畫與變化[1]

新堀江的三個故事

許瀞文——文

教戰守則

- 在新造的空間裡，繼續既存的、亂中有序的街道使用方式。
- 借用官方語言，展開新敘事，以合理化存在於法律規範灰色地帶的攤販。

PLANNED SPACE AND UNPLANNED BUSINESS

THREE STORIES FROM NEW KUJIANG, KAOHSIUNG

歷經近三十年，臨近高雄市中心五福路與中山路交叉口的新堀江，從一間放映西片的電影院、一家舞廳與幾家電動玩具店、一個攤販群聚的街角、一座集合精品小店的購物商場，演變為跨越數個街區的購物區。從一九八〇年代的精品商場、一九九〇年代小店與攤販林立的商圈、直到二〇〇年代的「示範商店街」，新堀江幾經變化，既是官方推銷的景點與商圈再造政策的產物，也是個混亂、多變、而難以捉摸的所在。

人類學家Setha Low（1996）指出，空間的構成可以分成社會生產（social production）以及社會建構（social construction）兩個面向。一方面，歷史、政治、經濟等結構面向的多重力量，共同生產出空間的有形物質環境；另一方面，實際的經驗、使用、行動則建構了空間的意義。新堀江官方藍圖裡整齊清晰的徒步區，在商人競逐商業利益、不惜從「旁門左道」追求商品與資金迅速流動的使用過程中，呈現出看似雜亂卻又有其邏輯的街景。本文欲透過幾個講述新堀江的「故事」，來檢視新堀江商圈「亂中有序」的空間裡，潛規則與明法如何交會，層層覆寫的想像與空間使用方式，又如何賦予新堀江時而重疊時而矛盾的多重意義。

一 從商場到商圈：一個市場競爭與發展的故事

熱鬧、年輕、與國外「零時差」的流行，是新堀江最為人所知的形象，也是最主要的「賣點」。然而，實際走一趟新堀江，人潮擁擠的街道、「大店包小店、小店包攤販」的景象、機車橫行的徒步區、商店中和攤位上販賣的衣服飾品，似乎都和台灣其

1 本文寫作受到國科會（NSC100-2410-H-007-049）與清華大學（101N2604E1）資助，特此感謝。為保護受訪者，文中名字皆為假名。

他都市裡的購物商圈沒有很大的差別。讓它特別被標示出來的，是硬建設與軟宣傳共同創造、再互相強化而成的某種能被辨別的「形象」。這樣一個空間與形象製造的過程，是一種篩選與創造的權力運作，透過實質與論述上的排除（exclusion）與納入（inclusion），決定什麼樣的空間、誰的歷史、哪種詮釋可以被認可和突顯，什麼人又得以占有和使用空間（Zukin, 1995）。

新堀江商圈官方網頁將商圈的誕生追溯到新堀江舶來品精品商場的建立，其重生則歸因於一九九〇年代國家主導的空間再造計畫。[2]一九八〇年代末期，看準五福中山路口的大統百貨所帶來的商機，與五福路相隔一個街區、位於文橫路一六七巷內的幾棟建築物，被從原本計畫興築的公寓改建為一個購物商場。三層樓建築分割成只有兩三坪大小的迷你店面，由於租金比大馬路上的店面便宜，加上坪數少，這些店面相對而言易於負擔，也吸引許多意圖創業的年輕人。商場的名字「新堀江」取自於高雄市鹽埕區另外一個著名商場「堀江」，目的是強調「跑單幫」與「水貨」的舶來品印象。鹽埕區的堀江最早為日本人所建，冷戰時期，隨著美軍基地的建立、水貨買賣，而成為高雄市舶來品中心，直到一九七〇年代才因政府開放海外旅遊以及台美斷交而沒落。一九七五年，當時台灣最大的百貨公司「大統」的建立，也使得高雄市的商業中心往五福路、中山路口移動，大型百貨成為新興購物娛樂的場所。透過地點選擇和名字的扣連，新堀江很快建立知名度與清楚的特色，再藉由篩選商場內部商家以及建築規劃，加強了其國際化、流行、新穎的形象。

新堀江商場裡的「商店」被分隔成獨立單位，以落地玻璃門窗面對內部狹窄的走道，商場採取集中管理，商家可以自行佈置內部，但絕不能改變統一的商店格局、墨綠色門框、燈光、地板等硬體設施。在玻璃門窗包圍下，一間間小店彷若展示櫥窗。

這樣的設計，讓新堀江商場宛如一個由街道與櫥窗構成的縮小版室內城市，與外面的街道清楚區隔開來。整齊劃一的視覺經驗，更帶來乾淨、井然有序的現代印象。有意設店的業者提出申請後，商場依其商品性質決定是否適合新堀江。早期的新堀江只販賣舶來品，小巧的商店裡擺滿來自美國、日本等地的商品，店門上也不時貼起「出國帶貨」的告示。店家親身跑單幫從國外帶回的商品價位並不便宜，「只此一家、別無分號」的少量供應，更將價錢拉高。在同一個建築物裡就能找到歐美重金屬搖滾樂相關產品、日本流行服裝、東南亞銀飾等獨一無二的舶來品，使得新堀江本身也成為高雄「只此一家、別無分號」的購物選擇。

藉助於百貨公司的集客號召力，在商場帶動之下，原本以住宅為主的幾個街區迅速發展，成為熱門購物地點，除了原有的新堀江商場，其他採取類似建築規劃與管理的商場如楓林、八重洲等也隨著成立。[3]不到十年，這個原本被新堀江商場定位為高價位精品中心的商圈，已經成為青少年流行商品的集中地，充滿速食店和便宜的服裝店，攤販林立，低價仿冒品更是常見。一九九五年，大統百貨公司燒毀，也燒掉新堀江的商機。（圖5.1）三多、中山路口一帶其他百貨公司的興起，更拉走部分客源。為了求取生存，在新堀江商場主導下，當地商場經營者與部分店家組成發展委員會，透過政府計畫進行造街活動，將新堀江納入統一的規劃，改頭換面重新出發。（圖5.2）

一九九〇年代中後期，台灣官方開始一連串的造鎮、造街計畫，一是透過文化建

2 http://www.skuchan.com.tw/index.php?opt.on=com_content&view=article&id=1&Itemid=37 accessed October 20, 2012.

3 其中一個商場的經理人員受訪時表示，他們除了仿效新堀江之外，在規劃過程中也參訪並取法香港、日本等地商場的空間設計。

上｜圖5.1
火災後的大統百貨公司。
（許瀞文攝）

下｜圖5.2
新堀江購物商場內部。
（許瀞文攝）

構來達成政治目地的社區營造，另一則是透過建造「現代化」與「國際化」環境來達成經濟目地的商店街與形象商圈。這些計畫既是重塑文化與政治認同的國家建構過程（Lu, 2002），也是面對資本流動下全球空間重組的回應（Harvey, 1990）。街道再造除了將公共空間定位為消費空間外（Zukin, 1995），也將地方變成商品，在市場上競求買主與投資者（Harvey, 1989）。藉由乾淨、整齊的硬體空間，搭配意象鮮明的地方形象，台灣的造街計畫以發展、國際、未來為名，企圖提高地方與國家競爭力，以吸引更多投資和消費。官方「現代化」與「國際化」的指標，往往建立在硬體設備、法令規範等易於計算與複製的標準之上。台灣各地形象商圈內部統一形制的招牌，以及隨處可見的入口意象牌樓，都是此時期的產物。徒步區的設置，則是仿效歐美日等「先進國家」，從他們的市區更新再造經驗中擷取靈感，摒除車輛和「雜亂」街景，製造沒有雜訊的購物環境。

新堀江商圈與高雄市政府合作，在一九九八年取得補助，建立示範商店街，計畫範圍包括文化路、文橫二路一六七巷、以及五福路和新田路之間的仁智街。提送給官方的設計裡以美、日、歐洲都市街景為藍本，強調排除雜亂因素，以達成整齊精緻的街景、改善消費環境。街道進行植樹綠化、規劃戶外表演空間，路面也改以特殊鋪面和四周圍的馬路區隔，並且設置為徒步區。整齊劃一的小招牌取代既有的混亂招牌，從店家延伸至道路兩側的遮陽棚改為統一形式，特殊造型的路燈與垃圾筒增加整體感。延續新堀江商場原有定位，並融合政府計畫強調的現代化與國際化，讓向「先進國家」看齊的空間以及跑單幫「傳統」形成的國際化與冒險精神，成為新堀江突顯於其他商圈之外的形象，也是示範商店街建立後新堀江一貫強調的特點。

在這個誕生、變局、重生的故事裡，新堀江不斷追逐經濟成長，在瞬息萬變的市場之中迅速調整適應。熟悉輔導商業發展的政策、具有撰寫計畫書能力的組織與業者，在新堀江成為徒步區以及形象的建立過程中，掌握了優勢。為了爭取官方認同，他們撰寫符合官方眼光的計畫、塑造迎合台灣經濟發展經驗的新堀江歷史。積極主動的商業精神、精準的生意眼光、因應時局變化的彈性、以及國際化，成了推動新堀江的力量。這樣的故事，呼應了台灣近三十年來的發展故事，強調競爭、彈性、以及國際接軌。提著一只皮箱的商人帶頭衝撞，而政府的工作則是隱身其後、創造適合企業發展的環境。私人企業與政府部門相輔相成，或者，更精確的說，私部門在有適當利益可求的狀況之下，主動引進公部門的力量。於是，政府握有掌控資源與法規的權力，卻也能為私人所用，以追求商業利益。同時，能掌握官方資源以因應市場變化者，也成為新堀江最主要的發言人。

潛規則或明法：空間爭奪戰

中午剛過，郭先生蹲在文化路上一棟公寓建築的門口整理商品，一邊為下午的擺攤工作準備，一邊大聲抱怨。在新堀江住了超過二十年，也在自家公寓門外擺了十多年的攤位，郭先生自認是最有資格對這個地方發表議論的在地人。他的抱怨對象從「建設不完」、隔壁的攤販擴充地盤、一直到政府工程貪污，迅速不斷轉移。總結而言，新堀江充滿各式各樣的建設（就在我們談話時，幾公尺外的仁智路路面被刨開來，正在鋪設新的地磚）、許多新的攤販和商店不停的進來，沒完沒了的計畫和變化，「是要叫我們怎麼生活」。在郭先生的理解裡，新堀江的地主多半不住在當地，因此，對於建設擾民毫不在意，只要有商機，不管任何單位提出來的計畫，都願意接受或至少不會反對。面對新堀江幾乎時時有建設的「騷擾」，郭先生覺得政府應該拿出魄力來，卻又質疑政府管太多、建設太多。對他而言，政府與各式計畫的推動者都是遙遠的角色，但馬路被挖開、停車被開罰單等等，則是切身的經歷。無從理解哪個單位在進行什麼計畫、哪條法規什麼時候又做了什麼改變，郭先生只能由過去的生活經驗以及街坊鄰居的耳語來解釋這些建設。無論對於主事的發展委員會或是政府，他都抱著不信任的態度，認定一定有誰在其中獲利、透過建設來中飽私囊。因此，「政府」不只不能為他的私人利益所用，甚至是個讓他無從捉摸卻又無力抗衡的麻煩。

二〇〇〇年開始在飾品店工作的小綠不認識「形象商圈」或「示範商店街」之類的計畫，新堀江街道的地磚鋪面是她唯一認知到的特別建設。她認為，新堀江能不能吸引人靠的是商品，商圈在觀光宣傳品裡被標示出來會影響外來遊客，但計畫與宣傳不會改變高雄在地人對新堀江已有的認識。對飾品店占用門外馬路、擺放商品被視為違法行為，小綠不以為然，認為所有人都這麼做，是法律違反社會。如果警察來取締，他們會把展示桌搬回店裡，暫時避避，等警察離開又搬出來。另一條街上的手機店則是當起二房東，把門口空間租給服裝攤位。警察取締時，店員佩佩會幫攤販把東西收進店裡。攤販的存在能活絡街道、吸引人潮，因此，商店給予方便讓他們躲警察也是「互相幫忙」。在小綠和佩佩眼裡，所謂「政府」就等於警察，只有在警察執法時，她們才感受到「公權力」的存在，而新堀江的種種建設只是「上面的人」或「不知道誰」所為，與她們無關。

對於從新堀江商場建立時就在一六七巷開店的田小姐而言，讓新堀江脫胎換骨的功臣不是任何特定業者或發展計畫，而是建立入口意象牌樓的前市長謝長廷。有了牌樓，新堀江感覺比較「像一個商圈」，但造街計畫所強調的整齊、國際化、現代，她完全沒有感覺，也不認為和她的小店有什麼關聯。從最早去日本跑單幫到後來從中國進貨，田小姐關心的，只有什麼地方能夠拿到符合成本而又流行的衣服。如同其他承租店面的商家，她對各種建設與計畫消極以對，既不冒著冒犯任何人的險去反對，也不主動配合。為了和鄰近商家及攤販競爭，她可以完全無視法規或商店街的規劃，別人做什麼，她就做什麼。然而，如果有人想要對建設規劃提出意見，她也不打算參與。只要能開門做生意，田小姐不想「管那麼多」。

在追求現代化與國際化的官方和設計者眼中，攤販、各行其是的小店、電動玩具店等等，都是髒、亂、落後等有害於現代化的因素。尤其是攤販，在台灣政府論述裡，更被視為破壞都市生活環境與秩序的社會問題（戴伯芬，1994；余舜德，1999）。雖然商場與發展委員會在造街設計的過程裡，必須取得攤販和店家的合作，這些元素往

上｜圖5.3
延伸至路面的店面。（許瀞文攝）

下｜圖5.4
徒步區內人車同行。（許瀞文攝）

往不被官方承認，因而埋下新堀江的變數。徒步區的規劃與執行不可能無視街道上的攤販，但，官方既不願意發放執照、讓攤販就地合法，也不曾積極取締讓攤販完全絕跡。發展委員會曾與攤販多方協調，希望能集中營業地點、限制人數、統一使用相同型制的攤車以達到整齊的目地，[4]卻因為無法做到「人人有獎」的平均分配、官方拒絕撥經費「鼓勵」不合法的攤販、以及沒有法律上的強制力，最終不了了之。於是，實質存在的攤販，一旦牽涉到經費時，就在官方眼裡消失無蹤。另一方面，徒步區的設置雖然得到中央認可補助，沒有地方政府與相關法規配合，卻也難以強制推行，以致於消費者和商家經常無視徒步區的告示，把機車甚至送貨車駛進狹窄的巷道裡。在「看得見」與「不可見」之間，這些長久存在的「亂」源找到一個易變無常的空間繼續生存。[5]（圖5.3、5.4）

徒步區的設置摒除了車輛「干擾」，反而使得新堀江的街道更適合擺攤。在新堀江名氣越來越響之時，也吸引更多追逐商機的攤販，讓更多房東將建物一樓開放為店面、出租公寓公共空間供人擺放貨物、或是把地面樓層改建為機車停車場。「大店包小店、小店包攤販」，這個台灣商店街約定俗成的空間使用慣例，在新堀江持續進行著。商店、街道被各式使用者占據挪用，分隔成破碎不連貫的空間。臨街的商店過去只能出租騎樓空間給攤販，而今連門外的街道路面也能出租，因此，在仁智街和文化

4 莊雅仲在台北市永康街的研究裡，也提到類似的設計，用以管理並且美化攤販（Chuang, 2005）。

5 空間現代化的一大原則，是把原本看不見、也因此不可知的因素攤在管理者的眼中，轉變為均質而看得見的設計，便於以最精簡的人力來進行管理（Scott, 1999；蘇碩斌，2010）。追求能見度，卻往往使得規劃與事實距離越遠，為了解決僵化均一而產生的問題，反而造成更多看不見的檯面下運作與反作用（Scott, 1999）。

路上，形成了街道兩邊各有一排攤販、騎樓下又有另一排攤販的「層層疊疊」景觀。[6]即使是狹窄的一六七巷兩旁也被攤位占據，只留下足夠兩、三人並行的路徑供行人走動。為了和攤販競爭，店家往往把門口空間拿來用做商品展示，位在商場二樓以上的商店，有時也會派店員把商品帶到「樓下」街道上販賣，誰是攤販、誰是正統商家更加難以區分。由於徒步區範圍內無法停車，附近住宅區成了停車的選擇，導致住家出入口經常被阻擋。原意在消彌或減少「亂象」的發展計畫，歷經不到五年，就已經面臨更加擁擠紛亂的景象，人車攤販商店相互競爭，追求著官方空間再造計畫裡強調的商業利益。就連主導發展計畫的商場也不諱言，為了讓商圈更有「競爭力」，很多時候等不到政府撥款或立法，他們也會「先做了再說」，等待政府「追上來」。[7]

不在計畫中的活動與移動，擾亂了徒步區設計裡的空間秩序，卻也為新堀江帶來規劃藍圖裡想望的熱鬧風情。一九九〇年代強調塑造現代化與整齊的空間以吸引投資者和消費者時，這些紛亂的景象被視為必須改進、排除的不良（或不安）因素。然而，二〇〇〇年代的觀光發展論述裡，有攤販點綴的「街仔路」與夜市，卻成為正面的台灣鄉土特色（Yu, 2004）。於是，攤販既是不存在於官方眼中的非法營生，卻又是宣傳品裡面被提出來做為新堀江熱鬧的象徵。這樣的變化，讓一些攤販以及占用騎樓的店家覺得他們反應政策的「對策」有理，卻也讓他們困惑或是不平，更加無法理解「政府」到底要做什麼。

當法規或設計與日常的空間使用習慣有距離時，雖然留下或開啟了協商折衝的縫隙，這樣的不確定卻也可能賦予居中填補縫隙、連結落差的行動者更多的權威，而使得權力的運作更顯得難以預測。因此，郭先生才會以各式陰謀論來解讀那個遙遠而難以看透、被他統稱為「政府」的權力。另一個攤販連先生，則在與其他夜市攤販交流的過程裡，得出市政府想要讓所有攤販「自願」移去另一個夜市的結論，來解釋官方為何不幫助新堀江的攤販取得合法資格、警察取締的動作為何越來越頻繁。另一方面，攤販也試圖從傳統的社會關係裡尋求保障，用可以掌握的人情義理來取代或中介難解的國家法律（政策）人民關係。藉由和商圈主事者、里長、警察、甚至市議員等建立人脈，攤販希望能在這個反覆無常的灰色地帶裡有所依靠。[8] 在與公權力執行者、各種建設計畫、中介人斡旋的過程裡，他們也不時選擇性使用既有的詞彙與論述，來合理化他們對新堀江的主張，繼續占領並且擾亂意圖排除他們的空間。

亐命人與創業者：誰的新堀江？

Michel de Certeau（1984）指出，在既定規劃的戰略（strategy）中，使用者有其挪用現有環境的戰術（tactic），可能擾亂原訂的空間使用方式與使用目地。清楚整齊的設計藍圖，實際放到街道上時，受到既存空間使用習慣的擾亂。而，活動於新堀江的行動者也在「官方」敘事戰略之中，借用其語彙開展了不同版本的敘事，用以塑造出能將自己安放於其中的新堀江願景。

從一九八〇年代初期就在文化路上奧斯卡電影院對面擺攤的洪先生，從來不認為國際化和流行是新堀江的特色。即使隨俗使用「新堀江」來稱呼這個區域，他堅持商

6 當地警察取締攤販時，也會「分層進行」，因此，取締路上的攤販時，他們就往騎樓裡搬，取締騎樓時，攤販又往路上搬。

7 徒步區的設計就是一個從無法可循到就地合法的例子。

8 一些老攤販相信，謝長廷當年是因為保證會幫攤販爭取和商場的合作，因此靠著攤販的選票當上高雄市長。自信能影響地方選舉，讓這些攤販認為政治人物對他們有「人情債」，將來必需回報他們。

圈的興起早於新堀江商場的興建，必須追溯到電影院和附近的攤販。他們販賣的不是「國際化」的舶來精品，而是滷味、紅茶等等可以被帶進電影院裡的東西。建設首重的應該是他們這些元老功臣，而非冷氣房裡的商場經營者。曾經是售貨員的洪先生將自己定位為「歹命人」，也以「歹命人」來形容其他的攤販，認為他們是社會底層，因為沒有特殊技能，也沒有受過很多教育，工作機會受限，只能辛苦擺攤來換取更好的收入、養活家人。如同新堀江的發展故事，洪先生的「歹命人」故事也是一個台灣人熟悉的敘事，攤販是都市貧窮人謀生的不得以選擇，也是在就業管道中被排除或限制者向上流動之道（戴伯芬，1994）。因此，他們不應該被以非法、亂源看待，反而是政府與社會應該共同照顧的弱勢群體。

洪先生的低姿態在阿明看起來是博取同情的故作姿態。二〇〇七年來到新堀江擺

圖5.5

入口意象牌樓與進行中的工事。（許瀞文攝）

攤的阿明認為老一輩攤販是既得利益者，透過一套新人難以理解的潛規則運作，占地為王、長期據有街口最好的設攤位置，「連租金都不用付」。沒有人脈之下，阿明即使想進入新堀江也不得其門而入，最後是透過自己勤勞詢問，終於在文橫路一四三巷裡租到一個位置，再在鄰近店家的教導下得知合理的租金與管道，慢慢從巷子中間移到接近巷口的好位置。[9]在阿明的想法裡，攤販並不是「歹命人」，而是自發的創業者，在比較過領薪水、租店面開店、擺攤的利弊之後，選擇獲利最合理的攤販來做為事業。因為辛苦奮鬥、不分晴雨都出現的打拼精神，阿明得到其他老資歷店家和攤販的認可。一步一步往上爬、奮鬥出頭的故事呼應了新堀江敘事裡的商業競爭精神，也肯定阿明身為市場裡一員的價值。

就像郭先生不知道到底是哪個單位在進行什麼建設，打不進新堀江既有人脈裡的阿明，也認定攤販背後「一定有人」，卻也說不清有什麼人。為了爭取在新堀江的位置，即使知道攤販是非法營業，阿明依然認為透過「法律層面」才是最好的解決之道，可以破除「關係套關係」的運作方式，達到市場裡應有的公平競爭。阿明理解中的「法律層面」，卻也充滿人情與國家法治的糾纏。新堀江攤販並沒有統一的組織管理，往往透過各自的人脈來處理糾紛（如水電、地盤）、應付警察取締。阿明一開始希望透過里長來「講」，減少警方取締的頻率，卻發現此路不通，最後決定和一些攤販「動員」政治力量，從更高的位置來制衡新堀江內部的地方勢力。[10]阿明加入民進黨青年團、

9 文橫路一四三巷是新堀江商圈裡較晚「發展」的街道，至今仍有許多建築是不做商業使用的純住宅。

10 老一輩攤販使用「請託／拜託」，阿明卻用了「動員」兩字，強調自身的主導性。阿明加入民進黨是因為有熟識的人在黨內，同樣在一四三巷的居民和攤販，有些則透過國民黨來協商，也是因為內部有他們可以「動員」的力量。政治在他們而言是社會關係的運作，而非政黨理念的差異。

投入輔選工作，希望公家體系裡能「有人」幫他們制定清楚的規範，擺脫警察「騷擾」，也打破老攤販的「專制」。在他的想法裡，攤販既然是創業者，就該和其他的創業者一樣受到政府保障。而，身為一個民主國家的公民，他有權要求政府為他服務。因此，即使在自由競爭的邏輯下，他不認為政府該干涉他做生意，當他理想中的自由競爭不「公平」時，就是政府該出來發揮公權力、掃除障礙的時候。（圖5.5）

市場、競爭、追求經濟利益，也是洪先生女兒阿雪從官方論述裡掌握到的關鍵詞。她認為，要讓新堀江在全球觀光競爭中脫穎而出，必須強調「在地」性，而不是學習模仿其他國家的商店街。她歡迎學者專家來研究新堀江，企圖發展出與商場不同、但同樣具有「權威」背書的歷史，為新堀江找出不一樣的未來，不只要合法化攤販，更要讓他們成為新堀江的主角。當發展委員會力圖讓新堀江突顯於台灣市街之外時，阿雪卻反其道而行，希望新堀江能充滿販賣食物與台灣特色產品的攤販。在她的想法裡，國際觀光才是新堀江未來發展的方向，要吸引外國觀光客，只有靠和外國不一樣的特色，而，攤販就是最「台灣」的特色。

以攤販來為街道增色、塑造地方風情或復古的「人」味，其實是近年來許多都市轉化街道空間為消費娛樂場合常使用的手法（Donovan, 2008; Shepherd, 2008）。新堀江是高雄都市觀光行銷中的重要景點，攤販與夜市又是現在觀光發展中的台灣「特色」象徵，因此攤販的存在雖不受鼓勵卻也被默許。阿雪與新堀江的攤販在這樣的矛盾中，學會使用觀光和國際競爭的語彙，願意就地合法、接受更多規範，卻也堅持繼續與官方「現代化」願景不相容的傳統空間使用方式。藉由援引其他的「權威」如學者、媒體、或地方政治勢力，他們更企圖取得主導，與新堀江的官方論述相抗衡。

結論

空間的配置是固定的，實際使用卻使得空間呈現多重面向。都市空間的面貌，是「經歷各個主體的競爭、對立、合作、結盟等社會過程產生的結果，最後才呈現在我們眼前」（町村敬志、西澤晃彥，2012：255）。同樣以經濟競爭為目標，追求國際化所可能帶來的商業利益，空間規劃者與使用者的願景和行動，在新堀江街頭不斷衝突、協商。意圖藉由設立徒步區、規範使用者來達成的現代化消費空間，卻無法完全規訓商圈內的活動者。地主無視法規將騎樓租借給非法攤商，在新堀江成為徒步區後，更把租借範圍擴大到街面上，層層疊疊的商店與攤販，造就新堀江破碎零散難以步行的空間。商店對於總總規劃既不反對也不積極配合，貨品擺設往往延伸到騎樓與街道，使得攤販與商店界線不明，時或衝突、時或互相幫忙規避警方取締。即使商家、規劃者、甚至居民同樣追求著經濟利益，在新堀江活動的這些人，對於新堀江的過去、現在、與未來的理解卻不相同。老一輩攤販以求生為名，合理化他們的存在，新一輩攤販在無法打進已經被占有的空間之際，也企圖引用身為公民的權力、援用「國際化」和地方特色「觀光」的理由，要求執法者或立法者的保護。人情、關係、法治、官方論述被選擇性運用，求取方便與利益。這些類似或相異的願景落實在新堀江的街道上，構成了今日紛雜、各取所需，卻又一致指向競爭與商業利益的地景。

參考書目

余舜德，1999，〈夜市研究與台灣社會〉，見徐正光、林美容主編，《人類學在台灣的發展：經驗研究篇》。中央研究院民族學研究所，頁89–126。

町村敬志、西澤晃彥，2012，蘇碩斌譯，《都市的社會學：社會顯露表象的時刻》，台北：群學。

戴伯芬，1994，〈誰做攤販？——台灣攤販的歷史形構〉。《台灣社會研究季刊》17：121–148。

蘇碩斌，2010，《看不見與看得見的台北》。台北：群學。

Certeau, Michel de (1984). *The Practice of Everyday Life.* Berkeley: University of California Press

Chuang, Ya-Chung (2005). 'Place, Identity, and Social Movements: Shequ and Neighborhood Organizing in Taipei City', *Positions* 13(2): 379-410.

Donovan, Michael G. (2008). 'Informal Cities and the Contestation of Public Space: The Case of Bogota's Street Vendors, 1988-2003', *Urban Studies* 45(1): 29-51.

Harvey, David (1989). 'From Managerialism to Entrepreneurialism: The Transformation in Urban Governance in Late Capitalism', *Geografiska Annaler. Series B, Human Geography* 71(1): 3-17.

——(1990). *The Condition of Postmodernity: An Enquiry into the Origins of Cultural Change.* Cambridge, MA and Oxford, UK: Blackwell.

Low, Setha (1996). Spatializing Culture: The Social Production and Construction of Public Space in Costa Rica. *American Ethnologist* 23(4): 861 – 879.

Lu, Hsin-yi (2002). *The Politics of Locality: Making a Nation of Communities in Taiwan.* New York: Routledge.

Scott, James (1999). *Seeing Like the State: How Certain Schemes to Improve Human Condition Have Failed.* New Haven: Yale University Press.

Shepherd, Robert (2008). *When Culture Goes to Market: Space, Place, and Identity in an Urban Marketplace.* New York: Peter Lang.

Yu, Suenn-Der (2004). 'Hot and Noisy: Taiwan's Night Market Culture'. In Jordan, D., Morris, A. and Moskowitz, M. (eds.) *The Minor Arts of Daily Life: Popular Culture in Taiwan.* Honolulu: University of Hawaii Press.

Zukin, Sharon (1995). *The Cultures of Cities.* Cambridge, MA: Blackwell.

6

我「演」故我在
士林攤販拓展夜市版圖的空間戰術

邱啟新——文

教戰守則

- 結合身體展演與地方智慧之流動佔領，能活用不可求或難以親近之城市大小空間。
- 城市管理者與市民斡旋出之特定互動行為模式能低調卻持續地佔領、「反造」城市。
- 彈性規劃與適度包容可提升街頭經濟之管理效能。

STREET PERFORMANCE
VENDORS' SPATIAL TACTICS IN EXPANDING THE SHILIN NIGHT MARKET

走過大東路時，地上攤販陳列的衣服，讓我感到目不暇給。突然我被一攤整齊摺疊好衣服所吸引——攤販將胸口圖案排成如一格格彩繪玻璃窗般，其中有英、日、中文「台灣」字樣，與之並列者有英國足球明星貝克漢（David Beckham），和美國摔角選手塞納（John Cena）肖像畫。同時，店家撥放之音樂，隨著我移動如混音單曲般改變，日本女團AKB48之節奏，摻著南韓Super Junior之旋律。在我將步出大東路時，一名年輕人走到文林路與大東路口，熟練地將仿LV手提箱放在摺疊架上，開始擺設衣物；我背後一位女攤販一邊用手撣著地上長褲灰塵，一邊對踩到褲子已走遠客人叨念。

「收！」不遠處突然傳來之攤販叫聲蓋過一切，轉眼間街上攤販都迅速躲進巷內不知去向。走在文林路上，一名髮型誇張的男孩在蓋上布的攤車上繼續與顧客交談，馬路邊三名女孩坐在機車上閒聊，前座底盤放著裝著貨物的布袋，濃濃睫毛膏與煙薰妝下，彷彿刻意不讓人閱讀的眼神，卻因我舉起相機而警覺地發亮。

「警察應該在附近！」一路同行，熟悉這裡的研究對象告訴我，於是我注意到的確不少攤販停下休息，卻瞥見幾十公尺外警察正在跟騎樓裡一位女攤販交談，熟絡彷彿老朋友在打招呼。我突然明白，這一路所經歷，並非只是集顏色、質料、聲音大成的感官之旅，而是陸續開展的複雜社會互動，亦是每個夜晚不同人物在此各司其職，彼此合作演出的城市劇碼。

一 士林夜市之形成與轉變

一九六〇年到一九九〇年之間，台灣、香港、南韓，及新加坡等亞洲首先完成工業化地區，因其較歐美顯得快速壓縮之工業化歷程，使政府未及全面實施美式都市計畫來進行城市規劃，明確區分土地使用，故沒有普遍發生居住人口郊區化現象，反而因都市化造成有限土地浮現激增人口，居民們對於各種土地使用皆需求殷切，而造就高密度與混合使用之城市地景（Miao, 2001; Daniere and Douglass, 2009）。上述因素解釋了多數亞洲都市型市場至今仍得以持續活絡原因，其中包括了台北士林夜市。

台北士林區南側是來自中國大陸移民者最早抵達定居的地點之一，移民聚落由大東路，大南路，大西路，以及大北路所大致界定，居民定居後在聚落中心興建慈誠宮。南士林因近陽明山及基隆河，便漸成漁市場及農產品批發中心，由於攤販數量增長，西元一九〇九年時，日治政府便在士林區慈誠宮南面空地，建了兩座室內農產品市場（施百鍊，2006）。一九五〇年代，兩座市場隨著營業時間的延長，逐漸活躍而廣受歡迎。一九六〇年初期，隨著文化大學、東吳大學，以及銘傳管理學院（現銘傳大學）的陸續設立，夜間販賣小吃與日用品的攤販數量大增，以充分滿足下課後與在鄰近地區租屋學生的民生與休閒需求，同時吸引漸增的一般居民客源。這些夜間攤販於是開始逐漸占滿兩座市場外的公共空間。同時期，兩棟日間批發市場卻因民營市場與生鮮超市的出現，加以民眾消費習慣的改變，反漸趨冷清。至西元一九七〇年時，個計畫以外的夜市便後來居上的浮現雛形（Yu, 1995）。

隨著夜間攤販人數增多，對社區生活出現負面影響時，市府開始實施管制。初期大多數攤販僅在慈誠宮前廣場設攤，但後來開始侵犯到廟內空地。於是市府在慈誠宮後劃設攤位，但多數攤販仍偏好廟前風水，市府最終只得改在廟前開放空間加蓋屋頂，重劃攤位供夜間攤販使用。由於攤位有限，市府便要求辦理抽籤。最後五百三十八位攤販取得了營業執照，並開始支付攤租、稅金與水電瓦斯費予政府。政府雖未核照予慈誠宮外大南路上的攤販，但亦將他們就地合法，登記為合法攤販（Yu, 1995）。

擺攤業是眾多早期北上城鄉移民的就業選擇，而攤販間親族網絡更加速其營業版圖的擴張。士林當時已趨成熟的商機，使攤販介紹更多親友加入，以至慈誠宮周邊擺攤空間到一九九〇年代已漸趨飽和，兩座市場外的空地後來因過於擁擠，市場管理處一度拆除屋頂以控制攤販數量，然而攤販遂自行加蓋簡易遮雨棚，克難營業，市府體認攤販頑強，管制漸趨寬容放任。

一 全球產業再結構下成衣攤販之崛起

受一九七〇年代末石油危機導致之全球大蕭條影響，台灣外銷成衣大量退單，夜市開始成了傾銷外銷成衣的大本營。一九八〇年代，本土消費意識與國民所得提高，士林夜市暢貨店與專櫃店大量出現，取代雜貨、藥房等傳統型商店，開啟本土服飾零售業之繁盛期（余舜德，1995）。然而時至一九九〇年代，隨著台灣製造業外移影響，夜市成衣零售業轉趨式微，服務業起而代之（Grunsven & Smakman, 2001；石計生，2004）。爾後本土服飾因不敵進駐之國外連鎖服飾品牌，終致大舉消失。碩果僅存的店面於是改賣大陸製造之批發成衣，單價下降，也降低店家利潤；為求生存，店家開始改裝分隔店面以便分租，也開始紛紛將店頭牆面、入口、騎樓、街邊等位處公共或半公共空間的「街頭」場所，分租攤販，減輕經營壓力，這些空間因租金低廉與高使用彈性，開始成為販售批發成衣之主要空間。

一九九七年台北捷運淡水線開通，出現由劍潭站下車轉乘公車之人潮，設有站牌的文林路開始湧現騎樓攤販，而大東路及文林路交口因正對劍潭站之優勢位置，開始有人在大東路地面擺攤。綜合上述產業與都市變遷因素，大東路，大南路，以及文林路在一九九〇年代後期出現以賣服飾為主的新世代攤販，在夜色裡備顯熱鬧繽紛，是台灣在兩千年後開始積極發展觀光之際，不得不正視之焦點區段。

觀光論述下的想像與現實

二〇〇二年開始，台北市為因應行政院的「觀光客倍增計畫」，開始陸續更新老舊但富盛名之市場與夜市，對士林慈諴宮前兩座市場外的攤販管理轉趨強硬，將其遷移至劍潭站對面臨時市場，同時開始在原址規劃新室內市場，終在二〇一一年完工啟用。市長曾表示要將新市場打造成媲美東京淺草寺商店街、上海新天地與新加坡牛車水中國城等地標之新景點。同期市府也完成大南路造街工程，並開始採騎樓設攤規畫之模式管理街頭攤販，一系列計畫皆顯示在觀光政策驅動下，市府已導入現代建築與都市設計手法，欲將夜市改頭換面，亦強化對非正式經濟之管理。然而當政府面對士林夜市街上與騎樓裡眾多既存的無照攤販，則無可避免地陷入兩難——即便早在二〇〇五年送審議的「台北市攤販自治管理條例」已納入「有照攤販總量管制、重罰無照攤販」之精神（大紀元周報，2005），但根據我的實地調查，及對市場處人員與夜市巡邏警員所作之訪談，發現市府對攤販仍視不同區段有不同管理模式，對某些地段寬容程度高於其他，例如市場處在上述造街工程完成後，仍在街道旁劃紅線限制擺攤範圍，市長更曾對媒體表示很難要求所有攤販都不要營業，故只能暫時要求他們不要超出紅線。

以上態度與論述皆顯示在當前發展觀光同時，政府對攤販仍持一種寬容態度，政府之攤販管理與一九九〇年代相較（可參考余舜德，1995），因市場更新改建及設攤規劃等措施整體較顯嚴格，但本質上仍屬模稜兩可的模糊治理模式[1]；總而言之，台灣城市長期考量地方生計、夜市成形脈絡與在地選舉政治等因素，採行折衷式彈性管理措施管理攤販，以致時至今日士林夜市仍是無照攤販與有照攤位並存的狀況，也突顯一味強調城市競爭力的觀光論述，與真實環境的矛盾或不一致。

相對於多數西方城市攤販與零售店面固有之競爭對立關係，在台灣，攤販與店家卻多了一層特殊共生關係。誠如一位在大東路開店的老闆告訴我，「人家不會因我們這些店而專程來夜市，但會為了逛攤位，所以一個夜市是不能只有店面，攤販也很重要。」但市府若對攤販全然放任也將顯其無能懶散，恐將造成都市脫序，招落伍之譏，尤其當前亞洲激烈的城際競爭之下，象徵現代性之公部門管制與庶民文化活力需取得平衡。

事實上，即便在先進城市，攤販現象也依舊存在[2]，非正式經濟活動並非發展中國家或所謂第三世界專利，而是資本主義政治經濟體系運作之必然結果，非正式部門必然伴隨正式部門而存在（Castells and Portes, 1989; Sassen, 1991）。因此當前多數先進城市之攤販政策，也趨向有條件地彈性管理，而非一味驅逐[3]。例如在新加坡，政府便容許不受官方管理之夜間移民市集在特定地區出現，認為無損於其全球化城市之自信（Yeo, He and Heng, 2012）。紐約市警察對於某些地區的人行道攤販則採取有社區舉報才開罰之態度，彈性管理與新自由主義都市政策似乎相容不悖（Devlin, 2006）。

追求全球化現代性不必然要打造純然淨化，標準風貌城市。反之，當代城市應具有彈性、流動性與包容性。Robinson（2006）便反對將城市分類，她認為「全球城

1 余舜德認為「夜市和其他經濟部門及國家政策的聯結，使得取締問題複雜化。因為攤販經濟（包括夜市）被視為具有對窮困殘障及失業者［提供］社會福利的功能，政府在攤販政策的制定及執行，常［見］顯得猶豫不決的現象。在政策上，政府從沒有顯示其確實執行管理攤販的意願…政府的取締工作常週期性地進行，從未徹底執行。」（1995: 395）

2 「非正式經濟」理論經多種學派修正後，現今認為凡脫離政府管制，發生在彈性地點的經濟活動皆稱非正式經濟（Castells and Portes, 1989）。

3 可對照Smith（1996）有關紐約市粗暴掃蕩都市街友的研究。

市」、「世界城市」、「第三世界」這些標籤，讓高度發展城市在政治、經濟、文化方面，殖民了世上大多數的其他城市，因此主張應將所有城市都視為「平凡城市」(ordinary city)，才能鼓勵每個城市發展其獨特性。有學者也認為當前新自由主義不應是一種西方經濟霸權，迫使發展中國家僵化地套用強國經驗，而可以是一種讓發展中國家政府彈性鑲嵌於各自政經體系裡之技術，調整成最適化治理或地方自治模式，以便和全球市場接軌（Ong, 2006; Brenner and Theodore, 2002）。即便學理上已有諸般批判或修正現代性之分析，我們仍不能忽略現實世界媒體與大眾仍易將攤販與失序或退步連結（Brown, Lyons, and Dankoco, 2010; Popke and Ballard, 2004）。因此關鍵在於：到底非正式經濟是如何與正式經濟並存在於現代城市，而不違背或減弱一個城市追求現代性之意志與努力？單憑政府之寬容，或攤販之抵抗勢必不足，兩造間必有某種機制維繫共存生態，我認為唯有實地造訪田野，透過對於攤販與警察之環境生態進行民族誌式觀察分析，才能解答這層疑問。

街頭擺攤之環境生態：展演化空間戰略與模糊治理

對於街頭攤販而言，販賣地點是生意成敗與否關鍵。那些未受法律規範的攤販泰半是靠當地商家或長駐當地攤販尋求營業地點。一般而言，當地商家傾向將店前攤位承租予熟識者或親朋好友。因此，想要在這些商家前擺攤設位，需要努力不懈接洽與商談，進而

圖 6.1
大東路上某些成衣攤販使用便於移動之衣架。（邱啟新攝）

建立起彼此友誼與溝通管道。就中央道路使用權來說，攤販除了要能搭接地方網路外，還得達到警方所要求之管理。接下來我從Goffman（1959）以展演解釋日常生活自我展現之理論觀點，將夜市中攤販與警察之互動，詮釋為包含一般營業時段與警察巡邏時段之雙重展演。警方現身時，攤販便迅速地抽離與顧客交易之情境，配合警方執法而改變行為，以迎合市府對秩序的期待，得以繼續使用公共空間。

▼主要展演

士林夜市每晚本質上即是攤販展演之舞台。每日下午六點過後，在騎樓下或是路邊，服飾攤販就開始駕著小貨車或是騎著機車陸續抵達，與夥伴開始準備營業，他們拿出皮箱開始整理陳列商品。猶如專業店員般，他們發揮創意巧思擺設，不少攤販一貫使用的仿LV經典壓紋行李箱，以營造商品之時尚感與價值。

圖6.2
大東路上某些攤販利用地面陳列，增加展示彈性亦利於迅速收納。（邱啟新攝）

在大東路中心擺攤的小販通常晚上七點後才陸續抵達，因下班時段前車子仍通過大東路。大東路起點的路口其實就像是大廳般，迎接著絡繹不絕的遊客，但也首當其衝面對警察。因此，在大東路起點之攤販皆捨棄推車，或是大行李箱，而使用手提箱，一旦警方趨近，攤販就會馬上將箱闔起，迅速躲起。一般而言，菜鳥多得在道路起點擺攤。資深攤販才可在大東路中段以後擺；老鳥在警方到來之前，總能好整以暇將陳列於地的商品收起，捲起打包，或將推車推入巷內，一位婆婆多年來總將販售之別針別在豬肝紅的雨傘上展示，除可見其展示巧思，也見其計畫隨時彈性移動之智慧。

為了讓生意順利進行，攤販多有夥伴合作，彼此分工以對付警方巡邏，通常分為交易者，與把風者兩組。常為男性之把風者通常會站在交易者前一呎外距離，邊吆喝招攬邊注意警察動靜，前後徘徊但多站在能將攤子與交易者大略遮住，使遠方警察不易看見的位置，當疑似警察身影出現時，把風者轉身回頭警示同伴，同時幫忙同伴將展示架折起，闔上手提箱，迅速的避至暗巷。（圖6.1、圖6.2）

▼次級展演：應對警方巡邏

儘管攤販讓夜市街道生色不少，警方仍會在街道中央、騎樓等實際上並不合法之擺攤區域巡邏。所謂次級展演就是當警察來臨時，攤販表面上停止販賣，而以肢體語言與動作來達成市府要求。這層為警察而籌畫之展演，取代了原先為顧客準備之展演。即便警方深知在他們離去之後，攤販們將依舊販賣，但希望攤販們在警察在場時，能夠表現尊重公權力之行為，行為象徵意義大過真實性。同時這層演出也是讓大眾看到攤販並沒有蔓延失序，它仍舊在政府之控制中。這般「次級展演」由三種攤販之空間戰略所完成，分別是象徵性互動，角色切換，與退居後台。

▼象徵性互動

文林路騎樓攤販與大南路攤販在臨檢時並不躲藏，而是改變行為。當警方到來時，騎樓攤販以布覆蓋攤車，或是將手提箱半闔上，大南路上小吃攤則會將攤車上燈泡關掉，受訪的攤販告訴我，這種種行為皆是他們以暫停營業樣態，傳達對警方之尊重，攤販此時多轉為低調，部分稍作休息，或整理衣物，或僅任憑客人挑看衣物，小吃攤老闆逕自烹煮，警方通常巡邏一小時左右。我訪談的攤販告訴我，警察與騎樓攤販之間已有不成文口頭契約：當警察出現的時候，攤販不需離開或躲藏，但必須將衣物包起或收進推車，靠柱子放置，不阻礙行人交通，騎樓當下不能有正在進行之商業活動。闔上行李箱或是將大塊布料覆蓋推車是種象徵互動行為，也就是高夫曼所稱具印象管理功能之「戲劇化實踐」(1959:30)。同一區域攤販團隊合作完成劇碼以定義官方要求之情境，另一方面，據我觀察警察也多在八點巡邏一小時，而夜市卻是在九點後才開始熱鬧，警方刻意避開營業顛峰時段，間接配合演出。(圖6.3、圖6.4)

▼角色切換

那些最快面臨警察之攤販多採此法。因地點及空間開放性，位於大東路前段攤販，常無暇在警察到達時徹底遁形，因此他們以改變角色方式來閃避警察，從顯眼攤販，轉換為眾多顧客一員，以混跡人群。攤販通常藉由對講機或行動電話互通聲息，或由最前面攤販大喊，好讓後面趕緊收拾離開。攤販在將所有商品收到路旁店中擺放，或就近藏於暗巷後，隨即回到街上佯裝成一般的購物者，缺乏經驗與安全感之年輕攤販，常結伴成群蹲坐，圍成一圈閒聊，同時以眼角餘光守衛暗巷中商品。乍看下，他們與公共空間中常見群聚之青少年無異。資深攤販則較輕鬆地徘徊，但腰際錢包其實洩漏身分。受訪攤販告訴我，每個人多少仍有被取締機會，屆時同一區域攤販都會分攤罰金；受訪之顧客則表示每每仍不免被警察到訪時這剎那間混亂驚擾，但表示已漸習慣這種街頭生態。（圖6.5）

圖6.3
象徵性互動例一：騎樓攤販在警察巡邏時半覆蓋推車，顧客仍可瀏覽。（邱啟新攝）

圖6.4
象徵性互動例二：攤販半蓋皮箱，並將商品靠柱排放以增加騎樓人行空間。（邱啟新攝）

▼退居後台

儘管高夫曼理論之「後台」其實是個人從社會抽離，展現個人化自我之時刻，在此我則顛覆及延伸這層定義，以「退居後台」之動態概念，強調攤販展演之連續性與可切換性。在大東路中段至尾端之攤販就有充裕時間將商品收妥，並在警察抵達之前躲於暗巷中，於是此時他們其實就像中場休息之演員退居後台。然而短暫從大街消失，就像劇場換幕間空白場景，也可視之為專門為警察所設計的表演。鎖定後台對大東路中後段攤販實非難事，因為沿路不乏小巷橫貫穿插，方便四處流竄，故巷弄間常見攤販推著貨來回穿梭，甚至會邀請購物者一同到後台持續未完成的買賣，攤販每晚不厭其煩往返台上台下，從容不迫，這種重複性流動占用，發展成非法使用公共空間之另類模式。

以上所述為在夜市不同區段，無照攤販如何合作避開取締之空間戰略，他們不斷流動以取得空間使用權，這種流動性的占用之所以成功，來自於台灣特有地方政治與警民網路、攤販自身盟友之合作，以及其高度展演化之身體行為。前人研究亦指出其中可能有一套包括罰金、保護費、租金等地下化金流予以支撐（Yu, 2004）。當現存都市政策與規劃體系不賦予攤販空間使用權時，他們便遊牧般存在夜市中；警方與攤販藉由這般劇碼，滿足市府對都市形象之最低期望，然而對市府而言，這無非也是兼顧國家權力、地方經濟、全球化現代性、及攤販之政治支持等多重考量之最佳化選擇。

一 對現代性都市設計之啟示

鑒於攤販快速增加造成大東路行人交通日見困難，加上輿論與媒體披露街道攤位取得之各種傳聞後，自西元二〇〇九年三月起，大東路上警方取締動作較以往來得頻繁，政府力圖消弭民眾對其管理消極與姑息非法之印象。警方六點開始臨檢，直至午夜十二點，讓攤販幾乎無法營運，無計可施下，二〇〇九年十一月一個周六夜，攤販在原本就人滿為患之大東路上，發起夜市史上首次靜坐示威運動（蘋果日報，2009）。

士林夜市今日繁榮景象，不可不歸功於攤販常年挑戰城市空間之結果。最初夜間攤販無意活化了慈諴宮前彼時已呈衰退之早市空間，進而帶動附近沿街店面生意。一九九〇年間，攤販開始向店面承租攤位，分攤了開始走下坡的服飾業者店租，使得他們得以繼續生存，甚至因街頭攤販，漸趨樣版之台灣現代化消費地景，多少保有一份文化興味與城市即興感，而提升了地方零售業買氣，甚至創造出爾後之觀光經濟。西元一九七〇年至西元一九九〇年間，當部分攤販取得合法擺攤據點與執照，更多仍在市府監控下持續挑戰街道、人行道、騎樓等各種城市角落。一方面，市府以警力執行模糊治理，向大眾展現一種改善的企圖；另一方面，攤販運用結合展演與身體動作之「體現」（embodied）化行

為占據街道，維繫其都市另類使用權，這種風土化空間實踐，補全了正式都市規劃所無法成就之部分，在拓展了夜市版圖的同時，也形塑了有機而流動之台灣特色空間。這樣的展演也形成一種機制，讓非正式經濟得以和正式經濟共存在一個現代化城市。於是我們今日得以看見一個多元混生的地景：融合零售店面、合法攤位、非法擺攤空間；凡此種種也鬆動了包含現代與傳統，全球與在地、穩固與流動，正式與非正式等等無數種關於城市之二元性。

「總統不也說夜市是觀光文化的一環，是庶民經濟啊，為什麼要這樣對我們？」一位攤販說道。（ibid，2009）。

攤販的疑惑正暴露官方「殺雞取卵」之治理思維：攤販造就了實質經濟與城市文化資本，但卻在發展「現代化觀光夜市」思潮下，反成政府要解決之問題。因此市府回歸僵化之掃街模式，大量動員警力，延長駐守，防止攤販回籠。然而，夜市街道並沒有因此井然有序，原有劇碼換成靜坐景象形成的凍結舞台。在警方離去後，攤販們又回到原地，繼續營業，於是連續三個晚上重複對峙後，攤販們還是繼續占據大東路，而警方終究決定重拾原本鬆散管制模式，放棄強制驅離。

我們該樂觀相信攤販總能百折不撓地攻佔城市？還是開始反思攤販之空間實踐能帶給建築師、都市計劃師與都市設計師等專業者什麼啟示？士林經驗告訴我們，城市的規劃與管理，不需以淨化與驅逐為前提，反之，應適度開放給原日常使用者找到最適化使用方式的機會。因為當公共空間規範越少，受控制程度越低，使用價格越低廉時，越容易帶來新的活動（Zukin, 2010）。夜市之所以有趣而有活力，就是因為其形

圖6.5
角色切換：年輕攤販在臨檢時蹲坐閒聊宛如一般行人。（邱啟新攝）

成是循序漸進的，而非先決於特定設計規劃原則，這點可由市民總熱衷光顧街邊攤位，對夜市興趣長年不輟的現象可見一斑。在專業層次上，風土化空間實踐，可以激發新設計模式，幫助規劃者與主政者保有或延續城市之獨特性。回顧歷史，夜市裡各式擺攤空間，不正都是一連串既有都市地景再創造嗎？

因此本文針對專業者建議一種「過程導向之開放式設計過程」：規劃者應能判讀不同使用者如何透過某些空間實踐創造新事物，規劃者不需決定好一切形式，而應試圖讓相較於城市結構顯得微不足道之小元素自然浮現；具體而言，就是重視規劃背後之地方社會政治過程，而非忽視它們，或僅將它們看作亟待矯正之問題。當設計專業者與決策者能以較開放心胸，接納專業或政治理想與實際使用之差異時，便有機會豐富，而非扼殺城市生命，也較可能永續地營造一個有真正活力的城市。

※本文部分研究與寫作承蒙行政院國科會專題研究計畫贊助（NSC 101-2410-H-030-086）及輔仁大學獎勵，特此致謝。

參考書目

石計生，2004，〈全球化士林的產業生態空間位移：地理資訊系統的研究取向〉，《東吳社會學報》16：99-148。

余舜德，1995，〈空間、論述、與樂趣——夜市在台灣社會的定位〉。見黃應貴編，《空間、力與社會》。台北：中央研究院民族學研究所。頁391-462。

吳鄭重，2004〈「菜市場」的日常生活地理學初探：全球化台北與市場多樣性的生活城市省思〉，《台灣社會研究季刊》55：47–99。

施百鍊，2006，《八芝蘭的故事》，臺北：臺北市士林區里長聯誼會。

蘋果日報，〈不滿開單，士林夜市攤販靜坐〉http://tw.nextmedia.com/applenews/article/art_id/32078294/IssueID/20091109（檢索日期：2012年10月31日）

大紀元周報，〈北市計畫改造夜市，盼打造安全環保乾淨夜市〉http://www.epochtimes.com/b5/5/11/29/n1136972p.htm（檢索日期：2013年2月24日）

Brenner, Neil and Nik Theodore (2002). Cities and the Geographies of Actually Existing Neoliberalism. *Antipode*, 34 (3): 356-386.

Brown, Alison, Michal Lyons, and Ibrahima Dankoco (2010). Street Traders and the Emerging Spaces for Urban Voice in African Cities. *Urban Studies* 47(3): 668 - 683.

Castells, Manuel, and Alejandro Portes (1989). World Underneath: the Origins, Dynamics, and Effects of the Informal Economy. In *The Informal Economy: Studies in Advanced and Less Developed Countries*, edited by Alejandro Portes, Manuel Castells & L. A. Benton. Baltimore & London: John Hopkins University Press.

Daniere, Amrita and Mike Douglass (2009). *The Politics of Civic Space in Asia: Building Urban Communities*. London & New York, Routledge.

Devlin, Ryan (2011). An Area That Governs Itself : Informality, Uncertainty and the Management of Street Vending in New York City. *Planning Theory* 10: 53-65.

Goffman, Ervin T. (1959). *The Presentation of Self in Everyday Life*, New York: Doubleday.

Grunsven, L.V. and F Smakman (2001). Competitive Adjustment and Advancement in Global Commodity Chains: I. Firm Strategies and Trajectories in the East Asian Apparel Industry. HYPERLINK "http://www.ingentaconnect.com/content/bpl/sjtg;jsessionid=98r9uqeh8ttt.alice" *Singapore Journal of Tropical Geography* 22(2): 173-188.

Miao, Pu (2001). *Public places in Asia Pacific cities: Current issues and strategies*. New York, Springer.

Ong, Aihwa. (2006). *Neoliberalism as Exception: Mutations in Citizenship and Sovereignty*, Durham, NC, Duke University Press.

Popke, E. Jeffrey. and Richard Ballard (2004). Dislocating Modernity: Identity, Space and Representations of Street-trade in Durban, South Africa. *Geoforum* 35: 99–110.

Robinson, Jennifer (2006). *Ordinary Cities: Between Modernity and Development*. New York: Routledge.

Sassen, Saskia (1991). *The Global City: New York, London, Tokyo*. Princeton University Press.

Smart, Josephine (1989). *The Political Economy of Street Hawkers in Hong Kong . Hong Kong Centre of Asian Studies*, The University of Hong Kong

Smith, Neil (1996). *The New Urban Frontier: Gentrification and Revanchist City*. Londonand New York: Routledge.

Yeo Su-Jan, Hee Limin, and Heng Chye Kiang (2012). Urban Informality and Everyday (Night)life Sigapore. *International Development Planning Review* 34: 369-390.

Yu, Shuenn- Der. (1995). *Meaning, Disorder and the Political Economy of Night Markets in Taiwan*. Ph.D. Dissertation, University of California, Davis.

Yu, Shuenn-Der. (2004). Hot and Noisy: Taiwan's Night Market Culture. In *The Minor Arts of Daily life: Popular Culture in Taiwan*, edited by David K. Jordan, Andrew D. Morris, and Marc L. Moskowitz. Honolulu: University of Hawaii Press.

Zukin, Sharon (2010). *Naked City: The Death and Life of Authentic Urban Places*. Oxford: Oxford University Press.

7

中山北路上的ChungShan[1]

菲律賓外籍勞工在台北

吳比娜——文

1 本文改寫自〈中山北路上的ChungShan：台北市外勞空間的文化書寫〉，《台北文獻》，二〇一一年三月，以及作者台大建築與城鄉研究所碩士論文《ChungShan：台北市外籍勞工社群空間的形成》（2003）。

教戰守則

- Do what you like，做自己喜歡的，展現自己的文化。
- 集體的力量最大！
- 相信自己在城市中佔有一席之地，每個人都有the right to the city。

MAKING CHUNGSHAN

FILIPPINO MIGRANT WORKERS IN TAIPEI

在我們身處的時代情境，跨國界的流動遷徙成為許多人生命經驗的一部份，越來越多的跨國人口，正在改變都市的面貌。根據國際移民組織（International Organization for Migration, IOM）調查，二〇一〇年，有二億以上的人口在超過一個國家以上居住、生活，觸發著全球化情境中，誰是都市空間合法創造者的再思考，也激盪著對社會關係、空間營造、都市行動之間的想像與實踐。ChungShan就是這樣一個空間，位在市政府版的台北地圖上所標示的中山北路三段，菲律賓外籍勞工稱其為ChungShan。

一九九〇年代間起，每個星期天，在中山北路三段、德惠街、農安街的幾個街廓巷道間，上千名菲律賓外籍勞工和許多臨時攤販和店家形成了一個獨特的空間。在這裡，通用的語言是菲律賓的Tagalog語和英文，聖多福教堂廣場、中山北路人行道上笑鬧行走的是菲律賓人，路邊的臨時攤販與店家販賣著菲律賓的報紙、飲食、雜貨、電話卡、播放菲律賓音樂，萬萬百貨裡有各式各樣的匯款、快遞與美容的服務。然而當星期天的晚上，菲律賓外籍勞工逐漸離開後，這個獨特空間在都市裡卻又消失，轉變成尋常的台灣人空間，也回復了中山北路平日的連續性。一直要到下一個星期天早上，隨著菲律賓外籍勞工從四面八方步伐的來到，才又再一次聚攏出ChungShan。

菲律賓外籍勞工詩人Jun M. Sanchez在詩裡這樣寫出了ChungShan：

Chung Shan: A Little Divisoria[2]

Every Sundays or either Holidays
To Filipinos, rain or shine, these are good days

每個星期天或假日
對菲律賓人來說，不管晴雨，

Along the Chung Shan North Road that day
You can see them finding their own ways.
You can hear someone; they'll go to the Disco
To enjoy life and do what they want to
Meet some friends and have a date to
Eat some native foods and drink beer too.
Sidewalk vendors filled the pathways
Selling different things along the hallway
Lower prices is the inducement they say
For the Filipinos who are shopping on the way.
Sunday should be worker's free day
Going to St. Christopher's Church to pray
Attending the Holy Mass on that day
But others at the movie theaters, they say.
At weekends, native dialects is not astray
Tagalog language is also spoken at bay
Watching Filipinos relaxing in this highway
At K.T.V., they sing their favorite songs in gay.
Some Filipinos are having their busy time
Enriching their ability with their precious time
At S.T.I. Inc. they spent there their borrowed time
Studying computer as backdrop.
at the end of migration time

沿著中山北路的日子是好日子。
你可以看到他們自成一格，
你可以聽到他們，他們要去跳舞，
享受生活樂其所欲，
和朋友相會相約去
吃些傳統食物和喝杯啤酒。
街頭小販擠滿人行道，
沿路賣著不同的東西，
低價才有吸引力，
路上逛街的菲律賓人這麼說。
星期天應該是勞工自由的一天，
到聖多福教堂去禱告，
這是參加彌撒的日子，
也有人在電影院。
在週末母語不再是異類
Tagalog[3]是普遍的語言，
看菲律賓人在大道上放輕鬆，
在ＫＴＶ歡樂的唱出最喜歡的歌
有些菲律賓人還在忙碌，
用這個寶貴時光充實自己，
以借來的時光參加外勞詩文社
用遷移時光裡的零頭學電腦。

這是菲律賓外籍勞工詩人筆下的ChungShan，詩中所描繪的是菲律賓籍勞工在星期假日的忙裡偷閒，在以聖多福教堂為中心的中山北路所度過的一天。詩中充滿人與人互動、熱鬧氣氛、豐富活動的空間景象，側寫出一個跨國社群在異鄉所創造的獨特空間。

然而在台灣媒體的報導裡，ChungShan卻是一個難解的都市異象，潛藏著都市的衝突。「每逢週日，總有數以千計的菲律賓外勞在此流連⋯，四處閒晃逛的外勞令社區民眾反感⋯，引發附近居民抗議⋯」（王超群，1998）。在台灣的其他地方，也有許多類似ChungShan的空間，在台北車站、桃園後火車站、中壢、台中，來自各國的外籍勞工都形塑與改變了這些都市場所，如果用國籍來歸類這些空間，誠然很難將它們歸類於純屬「台灣」的都市空間。

隨著台北市外籍人口的增多，「外國人就業服務法」於一九九二年通過。到了二〇一〇年，有八萬多名來自印尼、菲律賓、越南等地的外籍監護工和家事幫傭。二〇一二年，台北市新移民人口數超過四萬人（以女性大陸與越南配偶佔九成），也有所謂新移民會館的成立，全市有百分之五的短暫，或是長期移民人口，他／她們將如何改變和創造自己的空間？

ChungShan這個空間令人感興趣——菲律賓外籍勞工身為獨特的跨國人口，打破了都市齊一的國族認同與國家邊界，並觸動著新的都市與社會議題。然而，是什麼樣的動力讓菲律賓外籍勞工的社群空間在國境內的都市中無中生有？這個空間的產生

2 Divisoria是菲律賓馬尼拉附近一處地方，以有許多露天餐廳、咖啡館，商店群集、人潮如織而著名。

3 Tagalog為菲律賓最普遍使用的當地語言。

又創造了什麼意義？這是本文想要回答的問題。[4]

ChungShan 的緣起

從一九七〇年代開始，有越來越多、將近全國人口十分之一的菲律賓人開始到國外工作，總數達六、七百萬人。首先是到中東、美國、加拿大、歐洲等地，八〇年代中，則有越來越多人開始到香港、台灣、新加坡等亞洲國家。一九八〇年代間，菲律賓人開始以非正式身分，在不被官方承認的情況下來到台灣生活與工作，在當時台灣政府對外國籍人士在台工作沒有明確限定的環境下，許多菲律賓人以觀光簽證，或是透過菲律賓華僑的中介申請，來台灣工作，多數是從事工廠工作或是家務工作，當時估計有近萬名菲律賓人在台灣工作（劉正元，1991）。

而從一九九一年起，台灣政府提出相關政策，原本在台灣工作與生活的菲律賓人被飭回。一九九二年，台灣政府頒布完整的《外國人就業服務法規》，開始對來台工作的藍領工作者作年限、身分、就業方式的嚴密規範，並有系統的透過仲介制度引進，遂成為「外籍勞工」的濫觴。隨後的一九九〇年間，每年有近十萬的菲律賓人，在台灣從事幫傭、看護與製造業工作。由於必須住在雇主家、醫院，或是偏遠的工業區，外籍勞工往往面臨著長時間工作、居所隔絕、或與當地社會脫節的處境。在台北縣，當時也有約兩萬名菲律賓外籍勞工。在台北市，九成以上的菲律賓外籍勞工是家庭幫傭或監護工，而平日多分散於水泥叢林各處。

而這樣受限的個人時空，在透過星期日上教堂的活動中，凝聚且爆發出共同的時空。位在台北市中山北路三段的聖多福教堂（St. Christopher's Church），原本是一九五七年，美軍駐台時期，為了服務駐紮在中山北路上美軍司令部的美國士兵而設。

在美軍撤走後，教堂由愛爾蘭神父接管，仍以服務台北市的外國籍教友為主，然而教堂逐漸冷清。直到一九九〇年間，越來越多的菲律賓外籍勞工來到台灣後，因為宗教與語言的共通，因緣際會的，聖多福教堂成了菲律賓外籍勞工在台北市共同都市生活的據點。

天主教自西班牙殖民時期傳入菲律賓後，在百年多時間，產生許多菲律賓獨有的當地節慶與習俗，同時也是個人與社會生活中重要的一部份。週日到天主教堂作禮拜，對許多菲律賓人來說，是生活中信仰與習慣的延續。許多菲律賓人到海外，第一件事就是找當地的教堂。天主教會作為一個跨國組織，也很快地開始回應這樣的國際移民需求，在一九九六年，教堂邀請菲律賓籍神父進駐，將原本每個星期天一場的彌撒，增加五場，除了英文之外，有三場彌撒是用菲律賓本地通用的語言——Tagalog進行，更有許多的娛樂、社群活動，像是籃球賽、乒乓球賽、歌唱比賽、遊戲等等。

即使原本在菲律賓沒有固定作禮拜習慣的人，在台北市卻也會來到聖多福教堂，在異國擔任外籍勞工的處境中，教堂空間對他們產生一種更深刻的吸引力。走進教堂裡可輕易了解到為什麼做彌撒的意義這麼重大，寧靜的天光灑落，微微透出光亮，白色的空間雅潔，比鄰的人緊挨著長排木椅而坐但不擁擠。許多人到教堂角落的小聖母像前默默低頭禱告，祈求從中得到力量。

神父郭藹文的話這樣點出了信仰的意義：「在你們之中，有很多人在工廠，每天從八點到五點工作，還有很多的加班時間。而在家庭裡面工作的，甚至更長，二十

4 研究資料的取得乃是二〇〇二—二〇〇三年之田野調查，記錄從一九九〇年間到二〇〇〇年初，菲律賓外籍勞工社群空間的萌芽與初始。

四小時必須待命。生活只是日復一日，總是反覆一樣，你感到疲倦……。」「耶穌作了一件不一樣的事，他提供大家教導與撫慰。在耶穌的時代，當時是在沙漠裡，那時沒有醫院，沒有學校，即使有也是為有錢人而開的，但是每個人都想要學習新的東西，每個人心裡的難過都需要被撫慰⋯，人們於是走向祂。」（郭藹文，講道內容，田野筆記）

宗教具有很強的心靈撫慰的力量，特別是對菲律賓外籍勞工，離鄉背井不是一件容易的事，在聖多福教堂裡，不論男女，常常在禮拜儀式的過程中流淚。每週日，總共大約有五六千名菲律賓外籍勞工，會從台北縣市，桃園縣市，甚至更遠的地方趕來作彌撒，而聖多福教堂，也成為菲律賓外籍勞工在台北社群生活的起點。也是因為這樣，在教堂旁，漸漸衍生了許多的店家，一開始台灣人設的攤販、店家，會因應菲律賓外籍勞工的聚集，提出平價菲律賓飲食，或是擺出低價的衣服、玩具、生活用品，之後由菲律賓華僑開的雜貨店，開始提供菲律賓零食、飲料、食材、調味料、罐頭、乾貨，洗髮精、肥皂、化妝品、保養品等日用品，還有雜誌、報紙、錄音帶、錄影帶、CD等雜貨，然後漸漸大型的店家也進駐，包括像是Bingo和Cosmos，這兩家在菲律賓就具高知名度的連鎖商店，租下了緊鄰聖多福教堂的黃金店面。再來，匯兌、郵遞、保險、借貸這類服務性商店漸漸駕到，為整個區域提供更綜合性的服

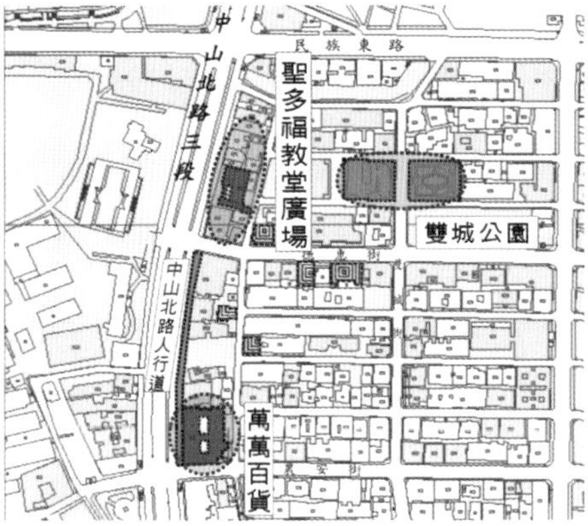

圖 7.1
ChungShan位置圖。（林秀叡繪）

7.2	7.3
7.4	7.5

圖 7.2 教堂廣場。(吳比娜攝)

圖 7.3 Bingo 菲律賓商店。(林育群攝)

圖 7.4 街道上的攤販。(侯志仁攝)

圖 7.5 騎樓旁的攤販。(侯志仁攝)

務，甚至包括舞廳、卡拉ＯＫ、電腦教室這一類的空間都開始興起（圖7.1）。

菲律賓人會這樣使用ChungShan，他們來這邊做彌撒，與朋友見面，然後買東西和電話卡、聊天、辦事、吃午餐、跳舞，因為每週只有一天，所以要好好把握。相較於台北火車站、二二八紀念公園、中正紀念堂等地點，聖多福教堂所在的周邊，具有街道、巷弄、人行道、廣場、騎樓、店面、公園等細密豐富空間紋理，動線有更為多樣化發展的可能，服務跟其他地方比起來，更為多元，因此成為一個小小的菲律賓城（圖7.2－7.5）。

聖多福教堂可以說是ChungShan人群聚集的中心，人群往往流動穿梭，不停的來到與經過。而與教堂同側中山北路的騎樓與人行道，各種攤販、店家，把人行道轉化為一條街道市集。萬萬百貨是一棟兩層樓的建築，位在中山北路跟農安街的轉角，自成一個小天地，裡面有菲律賓雜貨、小自助餐、果汁飲料、剪髮、美容、手機、牛仔褲、運動鞋、匯款、郵遞、房地產、借貸等各種店家。在聖多福教堂後側的德惠街、農安街、雙城街上，甚至是拉遠到承德路上，還有許多零星分散的餐飲店、ＰＵＢ、卡拉ＯＫ、舞廳。從聖多福教堂的後門穿出來，就來到了比較安靜的後巷，三五人群的小團體或是朋友，在長椅上找一個位置，或是在兒童遊樂設施的旁邊坐下來，就在開放空間裡飲食、聊天或是休憩，而形成各種小圈圈，有人帶白飯，有人帶菜餚，一起合吃一餐。之後也常聽到一起練唱、彈吉他的音樂聲。

為什麼人們會來呢？也許是因為可以遇見其他的菲律賓人。在陳永龍暨外勞休閒消費案工作團隊（2002）的調查裡，受訪者被問到在台灣生活的心願是什麼時，最多都選擇：認識更多的菲律賓人，或所謂的Kabayan（Tagalog語言的「朋友」之意，也指菲律賓人）。對初來到台北的菲律賓外籍工而言，ChungShan是開啟社群網落的起點。受訪者Rowena擔任家庭幫傭工作，她說自己的居住地點並沒有菲律賓人，而在她工作的第一年，雇主完全不讓她放假，而後有假時，她常常自己一個人來到ChungShan，坐彌撒、逛街，朋友圈就逐漸拓展開了。的確，在ChungShan，透過許多共同的活動，也促進人與人間交會和相識的機會，她說：在這裡，每個人都非常容易跟對方講話，你打聲招呼，問你也是菲律賓人嗎？然後你們就聊天啦。

ChungShan除了有比較便宜的物事，還重現與提供了許多菲律賓脈絡的飲食、個人用品、休閒娛樂模式。儘管所費並不便宜，在一般的菲律賓自助餐店裡用餐，動輒是上百元，但是卻是在台北市其他地方所不可得的飲食口味。這裡也有許多菲律賓外籍勞工生活所需要的特別服務，在ChungShan有許多郵遞公司，郵遞業之所以為重要，是在手機聯絡之外，滿足了許多菲律賓外籍勞工以禮物、生活用品寄送回家的需要。讓母親、父親、兒女之間的情誼得以透過郵遞傳遞。郵遞公司所準備的紙箱，尺寸很大，長寬高各有八十公分，提供儲存服務，每個星期外籍勞工都可以買些東西，一點一點的存放在箱子裡，等到箱子裝滿後，再郵遞回家。

「（這個娃娃這麼大！）…這個大娃娃是給我女兒的，…我有兩個女兒，……，他們很乖，……，我已經有了一個大箱子，……，等到裝滿就寄回去。」

（Lina，家庭幫傭，田野筆記）

在這裡，菲律賓外籍勞工洋溢的神采、亮麗的穿著、恣意的歡笑常引人注目。藍佩嘉（2002）指出，菲律賓外籍勞工在勞雇場域中，多半是處於壓抑自我的狀態，特別是對於在家戶工作的家庭幫傭以及監護工，台灣仲介或雇主給予外籍女傭的工作規則中通常會規定工作時不可以化妝、戴首飾、塗指甲油或擦香水，而在她的研究中，受訪的人也多半表示會有意識的「裝醜」，大部分穿著簡單的T恤配上百慕達褲或寬鬆長褲。假日的時空，代表的是他們這時候可以卸下「外籍勞工」身分下，藉由衣著打扮的自我選擇，重新作回「我自己」。

一名曾經在菲律賓當模特兒，長得相當美艷，又非常敢穿的Hebe，有一天黑色露背裝出現引起大家玩笑後，蠻不在乎的說：「我就是喜歡這樣穿，平常我已經是女傭了，假日我總可以是我自己吧。」（Hebe，家庭幫傭，田野筆記）而另一名受訪者Lili則表示，自己的空間被壓縮，需要一個喘氣的所在：「我沒有自己的房間，我睡在病人旁邊，因為在晚上我必須照顧他，而他在晚上會說夢話，一直說、說、說，我不能睡覺！我在半夜醒來……我的心好像一直……（用手握緊了拳頭放在胸口）…」（Lili，田野筆記）。

由於跟家庭雇主之間，沒有法定的勞動契約，也沒有固定的工時，儘管多數的勞動契約上都規定一週有一天休假，可是據社工表示，相當數量的雇主兩週或者一個月才讓外勞休假一天，甚至完全不讓她們休假。也有許多案例，是外籍勞工在來到台灣後，好幾個月甚至將近一年從來沒有一天假日。而菲律賓家庭幫傭與監護工即戲稱自己為「7-Eleven」（全年無休便利商店）。在平日工作的時候，彼此密切的以手機和簡訊聯絡，而期待著星期天到ChungShan的相會與活動。一起出遊、上教堂、去舞廳、吃東西、聊天、慶生，彼此陪伴與共享的時光。多找一點跟朋友相處的時間，形成緊密的支持。

外籍勞工常常感受到都市對於他們的排拒，在公共空間裡，警察盤查居留證。住在雇主家，卻從來沒有待在家裡的感覺，在台北都市裡的心情也一樣。詩人Blessie

就這樣寫道：

當一個異鄉人站在您的土地上，
彷彿入侵者必須要接受充滿敵意的審判，
我不曾有犯罪的思想，
然而異鄉人似乎帶著原罪，
我像一個被鐵柱圍關的囚犯，
困惑而無助，
但仍筆直站立，
我知道我若成為孤兒，
台灣也就是我的家。
「台灣，一個讓我逐夢的國度」（Blessie L De Borja Landingin, 2002）

只有在ChungShan，才能在這個排拒的都市裡，找到一些抵抗與認同的空間，使自我的個性得以彰顯與鮮活，而得以重新定位自己的生活脈絡與文化歸屬。

與城市的連結與衝突

ChungShan的形成對台北的都市文化產生了什麼影響？一方面，這個空間隱藏著互動與交流，特別是對親身與外勞接觸的店家而言：「一開始就是都聽不懂，都是比手畫腳，因為他們說英文，但跟一般的英文不一樣，會聽不懂。他說要這個東西結果我們搬出來另一樣東西給他。來這邊久了，英文也學到、菲律賓話也學到，像是什麼數字、貴啦、便宜啦都會學到，…後來有時候說一兩個字我東西就會拿出來了。而且他們個性都蠻好了，很隨和，作久都成了朋友。…報紙上那些外勞談到的都是打架啊、泰勞那樣，其實他們教育程度都很高耶。」（中山北路上擺攤販的兒子，田野筆記）

也有人就外勞在台灣處境，提出ChungShan這個休閒娛樂空間對他們的意義：「菲律賓人工作平常也是很苦悶，放假一天就來這裡，要不然你叫他們到哪裡去呢？也像我們當兵的時候，放一天假，好高興出來，玩一玩，然後五六點收假回去。這裡有教堂，這是他們宗教信仰的中心，他們才會來。有特色，時間久才慢慢很完整。否則他們到哪裡去呢？這邊有他熟悉的東西，他熟悉的語言文化都在這邊。」（中山北路上擺攤販的父親，田野筆記）

更有人以女性身分感同身受，想像他們的思鄉之情：「我是一個媽媽，是一個女人，我的顧客也多半是女生，她們在台灣都已經七、八年，有先生，有孩子在菲律賓，我自己是一個母親，我自己都在想她到底在台灣失去的有多少。」（中山北路上金飾店母親，田野筆記）

然而對於多數台灣人而言，這樣的空間卻是隱藏著隔離。一般感受的都是負面印象，或是疑懼，像是「他們」侵入「我們」的空間。像是店家就表示：「有一個趨勢，…外籍勞工多時，台灣人就漸漸不會過來，…外籍勞工比較少的時候，…台灣人又漸漸多起來」（中山北路上的金飾店女兒，田野筆記）。根據里長觀察：「因為這個這個，里民有一點怕怕，有一點怕怕說…，他給我們的那個訊息是好像跟他擦肩而過會有點怕怕的這樣子，…你會自然就遠離他嘛，我們就走遠一點，不要靠近那邊去。」（晴光里里長訪談，田野筆記）

在萬萬百貨初期有菲律賓商店進駐二樓時，一樓仍在營業的精品店曾強烈抵制，而對菲律賓商店出租的店家，也面臨著大樓裡其他租戶的反對壓力。「當時是很緊繃的，那時菲律賓人是很團結的，上樓的時候都不經過那邊，直直的轉彎上樓梯，因為說一樓那邊台灣人的眼睛在給人家「ㄧㄣ」（台語發音）……連廁所都鎖起來不給他們用。」（萬萬百貨一樓的錶店太太，田野筆記）

城市人口與地景的流動

事實上，一九五〇、六〇年代，美軍顧問團駐在台北時期，中山北路作為台北市重要的穿越孔道，以及對外國人士的窗口地區，即形塑了當地獨特的商業型態：在中山北路上，觀光飯店非常密集，從長春路以北到酒泉街間，農安街、雙城街一帶，酒廊、美式酒吧、俱樂部紛紛興起，中山北路三段上沿街林立精品商家、舶來品店面，晴光市場更為我國第一個舶來品市場，週邊的百貨大樓裡也密集著各種店面，匯聚販售著世界各地的精品、服飾、化妝品、珠寶。

而在一九八〇年代初期，在台灣政府對國人出國條件放寬，人們可以自由以觀光、求學、探親出入國境後，逐漸失去了異國風采的吸引力，隨著新興消費模式的改變，也不敵台北市東區新興的國際百貨公司商圈，於是開始面臨商業活動衰退及人口遷出的問題。「……像是萬萬樓上，本來是賣舶來品的，都是賣高級貨的，有時候賣一個月可以吃一個月，像他拿一件衣服，假如說四千八的話，他可以開到一萬八，那就會再會殺價殺到一萬二好了，他還是有賺。後來漸漸不行了。」（萬萬百貨一樓的錶店經營者，田野筆記）

曾經盛極一時的晴光市場舶來品中心逐漸冷清，原本有兩層樓半（有一層為中間夾層），在曲折空間裡密集的小規模舶來衣飾店，相繼關閉退出，而僅剩下一樓不到半數的商家營業。而位在中山北路的二層商場——萬萬百貨，二樓眾多精品店、服飾修改店也隨之蕭條，許多店面逐漸閒置，成為倉庫。由於這些以舶來精品店形式經營的店家，其店舖規模就小，而在租金日亦下滑後，則使新的經營菲律賓外籍勞工休閒娛樂業的商家有條件進駐，以目前萬萬百貨二樓為例，星期天時，餐廳、雜貨、日用品、美容理髮、手機電話卡販售、服飾、郵遞與匯款、投資與理財等各種店面開張，相較於星期一到六人煙稀少店門緊閉，反而是星期天最熱鬧。

ChungShan的出現，多半挪用的是原本周日無人使用的空間，例如在中山北路上多銀行，到星期天則停止營業，臺灣銀行前的廣場空間，以及大眾銀行下的騎樓空間，成了地攤空間。此外，在雙城街一帶的酒吧區，由於在白天也沒有營業，因此人群也得以延伸到這一區的街道巷弄間。許多商店在週日特別因應菲律賓外籍勞工的喜好與需求，改變商品內容、排設方式、設計特別的銷售活動。原本在德惠街、農安街一帶的店家，則在星期日生意清淡日，將店面出租一天賺取租金。

但是，許多人並不會以外勞為當地帶來繁榮的角度來看。他們的感受反應了公共設施與服務的不足：「這個公園大概聚集三四百人，五百多人都有，…整個公園大概都是菲律賓人在這邊聚集，…小孩子，根本就沒有辦法出去，根本就沒有空間…，他們晚上回去以後，整個公園都亂成一團喔…。」（恆安里里長訪談，田野筆記）

每週日上千百名的人數，爆發的豐富活動量，直接造成和社區居民在空間使用上的競爭，影響了鄰里對於公共空間的原有使用，衝突的焦點也包括環境衛生的問題（許弘毅，2000；龔尤倩，2002）。臨時店面、箱型車，攤販來了又去，而環境維持的成本，則落在在地社區上。但是若只從人潮擁擠的面向去解讀，似乎又簡化了這層張力，許多的矛盾是心理上的，也是因為外籍勞工被汙名化的關係。在一九九〇年間，台灣媒體一般充斥著對外籍勞工群聚的負面報導（葉論珍，1995；陳淑秦，1997；陳朝福，1999；張柏東，1999；呂開瑞，1999；游文寶，1999）。特別是中山北路，曾經有風華一時的城市歷史，至今則欲以鮮花、婚紗名店、高級住宅區的意象重建。ChungShan在週日以地攤、小貨車所形成的臨時性地景，和「高級化」的社區發展藍圖產生衝突。「我們這邊的房地產現在是在下降的，一般如果說房子要買賣大概都會在禮拜六禮拜天看房子，那變成來到這邊呢，他們會怕，要買這邊的房子也會怕到，會嚇到說這邊怎麼都變都是外勞。」（恆安里里長訪談，田野筆記）

菲律賓外籍勞工社群的負面與污名，直接的衝擊到中山北路原有的空間意象。也是因為這樣，常常出現有形或無形的排斥：「……教堂旁並列的數家婚紗公司，若聚集在店門口談天說笑的外籍勞工數量太多，婚紗公司員工會走道走廊上要求外勞們離開…，不遠處的福星大樓掛著一個英文牌子，寫著："This is a place you don't belong. So you are not welcome to enter this place."（這是一個不屬於你們的地方，所以你們不被歡迎進入這個地方。）許多外勞看了牌子多會識趣的離開，臉上木然的表情看卻看不出是喜是悲」（陳淑秦，1997）。

儘管當地曾有專門「作外勞街」的說法被提出，但居民的

圖7.6
外籍勞工文化中心活動。
（吳比娜攝）

反對力量仍大，要改善現有的衝突，卻又缺乏足夠的行政協調，台北市現有的都市行政體系，從都發、民政、到文化部門，都將外籍勞工事務排除在外，勞工部門的台北市勞工局，乃是唯一介面（許弘毅，2000）。勞工局曾經邀請聖多福教堂召開協調會，提出環境維護議題，後來卻不了了之，居民希望外籍勞工能夠自我組織，產生跟社區對口的介面，但外籍勞工本身也缺乏這樣的組織。

在這樣的情況下，有居民曾經透過里民大會提議，希望能夠將聖多福教堂遷走，比如說教堂賣掉原有建築，到空曠的地方，或是到比較郊外去，捷運可以坐到比較空曠的地方，重新再建一個教堂，然後在那邊興建一個公園、廣場，比如說關渡、三重、蘆洲、中和板橋等地，居民認為這樣對一個新興的地區，可能是比較好的。也有人認為，可以透過國家政策，去限定外籍勞工到台灣的人口，譬如說印尼外籍勞工、越南外籍勞工，都給人較為安靜、隱蔽的文化印象，不會像菲律賓人，在假日的時候，大肆的聚集享樂，引起城市的騷動。「⋯政府不是有說，如果可以從輸入的外勞裡面作改變，比如說，平衡一點，菲律賓不一定要進那麼多嘛，⋯其實印尼的外勞喔，比菲律賓好用，乖，因為菲律賓真的是比較會聚集，那，比如說你現在有其他的國家，可能就會他們說分散一下，比較不出來那種⋯」（恆安里里長訪談，田野筆記）。

不管如何，ChungShan一直被視為是一個台北市臨時性、非正常的地景，警察時時作驅趕，將騎樓下的攤販取締，或是一再的到晴光公園向外籍勞工檢查居留證，檢查是否有逃跑或是非法居留的外籍勞工。

形塑社會空間

到底這樣的文化對立有沒有溝通的可能？有的，在二〇〇二年，台北市就在成立了台北市外勞文化中心（House of Migrant Workers' Empowerment，簡稱HOME），轄屬於勞工局，這個中心的任務以為外籍勞工提供休閒娛樂、文化活動為主（圖7.6），由台灣國際勞工協會（TIWA）來經營，選址位在ChungShan的聖多福教堂的後側，位於雙城公園旁的一棟公寓大廈的一樓，備有廚房、卡拉OK、健身房等設施，並有菲律賓籍社工人員，提供法律諮詢。儘管因為經費、行政資源所限，這個中心不是廣為人知，但是在有限的時空裡（二〇〇二工一〇〇四年在ChungShan營運期間），還是作了一些創新的措施，包括語言交換、文化之旅、舞蹈等，一系列由台灣義工與外籍勞工合作的課程，中心也集聚形成了籃球隊、樂團、跳舞等興趣社群，利用地下室的空間排練。每一次要辦活動，中心的工作人員都透過聖多福教堂作宣傳，或是到一家一家商店的發傳單。

在處理與居民的衝突上，中心辦理清掃街道、二手衣物交換等活動，也透過在鄰里公園辦公共活動，讓社區認知到外籍勞工在地方上的存在。也參與二〇〇三年「中山北路百年慶」的活動，試圖將ChungShan的菲律賓外籍勞工文化也編織為地方歷史的一部份。並透過舞蹈、遊行等節慶，跟民眾互動，進行文化的展演（圖7.7）。

無可否認的，因為外籍勞工的工作時間長、負擔大，能夠運用的時間就只有假日一天，許多的活動都受限，多半也只是參與中心安排好的行程，對於「積極的成為台灣社會、文化的一部分」，仍然有一段遙遠的距離。許多外籍勞工，在台灣有「二等公民」的感覺，更有一種「過客心態」，不願意、或是無法想像在台北市投入社會生活。

同時幾位從事家務工作的女性菲律賓外籍勞工，都提過她們的雇主對她們的假日行蹤充滿疑慮。例如Josephie，她說自己每次跟雇主說要來ChungShan，雇主總會再三詢問她在這裡的活動與交友情況。一名菲律賓店家營業者也提到，雇主與仲介對

圖 7.7
菲律賓外籍勞工聖安東尼諾節遊行。(吳比娜攝)

菲律賓外籍勞工來到ChungShan充滿防備。雇主和仲介對菲律賓外籍勞工的社群空間帶有疑懼，最普遍的說法乃是這裡會「教壞外勞」。

的確，在ChungShan，菲律賓外勞們常常彼此交換最新的法規資訊（如仲介費超收、薪資扣除），和如何保護自己權益的方法（如爭取放假權利），許多菲律賓外籍勞工的個人情境，透過媒體的傳遞，成為公眾的議題。二〇〇二年末，一名居住在中壢的菲律賓外籍勞工因為腦水腫而住院，由於陷在昏迷狀態中必須長期住院，而雇主和仲介已然撒手，他同樣在台灣工作的表妹於是投書到報紙上求助，引起菲律賓外籍勞工之間的迴響與捐款。甚至不乏更激進的團體，和馬尼拉經濟貿易辦事處（MECO）與國際勞工團體接軌。

「我們一開始是十個人，後來最多的時候差不多有一百人，多半是女生，大約十分之一是男生，我們都在台北。…那時候有一個很有名的案子，是一個菲律賓女孩跳樓自殺了，她的雇主說她一些不好的事情；…。我知道這個消息後。我去看她的遺體，幫忙送她回家，在那之後，我們開始作一些事。我們一般來說比較關心政治性，但是每個人的興趣不一樣，我們也作不一樣的事。」（Win，田野筆記）

但這個小團體在二〇〇三年，主要核心成員相繼離開台灣後，逐漸解散。外籍勞工居留期限一次最長只有二至三年，期間也有中止契約或是被遣返的可能，因此，多數的社團和組織都面臨著人員流動率高而不易維繫的處境，此外越是「出風頭」，想發揮更多影響力的人，往往要承擔著被雇主視為麻煩製造者，也曾有人因此被工廠解雇出境，這不是每個人都想承擔的風險。

比較穩定的，是中小型的興趣社團，以「美麗女人」（Beautiful Lady）社團為例，這是一個全部由女性成員組成的詩社，成立的機緣來自於有一次一名女性外勞參加台灣Hello Taipei以菲律賓語播出的廣播節目，她在節目裡讀了幾首自己寫的詩，內容多半跟身為女性的生命情境有關，因此吸引了一大群女性聽眾紛紛與她聯絡，後來就組成詩社，成員一度有七十幾個女性，常以女性主題寫詩。以菲律賓外籍勞工詩文社（Samahang Makata International — Taiwan）為例，它是一個國際性的菲律賓詩文組織，原本在由一位在關島的菲律賓外籍勞工創立，然後，隨著其中一名關島的成員來到台灣，而在一九九六年台灣成分會立，在創辦的菲律賓外籍勞工離台後，由菲律賓華僑Jun M. Sanchez接任，持續集結更多的詩人、藝術家、表演者，持續至今。

台北市也首創了一些外勞文化政策，像是二〇〇一年「台北，請聽我說」的外籍勞工詩文比賽，吸引了近七百多首詩投稿，而二〇〇二年則暴增為兩倍，開啟了一個翻譯的平台，讓外籍勞工表達心聲，沒有代言，家庭、情愛、工作、異鄉的各種心緒糾葛與情緒流動，隨著公車跑遍了台北（龔尤倩，2002）。外籍勞工的詩歌引發了間接的迴響，有民眾表示：「在搭捷運搖晃的時候，我專心的欣賞那首詩，很感動、很共鳴……感同身受，當年隻身由南部偏僻鄉下人隻身來到人生地不熟的台北市，那種惶恐、無助、想家，只有親臨其境才可體會，慶幸沒有仲介費的剝削，外勞的心境，我深深可以理解⋯，外勞也是人，請以待人之心對帶他們⋯。」

每年五月第四個禮拜天，是聖十字架節（Santacruzan），這是菲律賓最重要的節慶之一，如同媽祖繞境，有載著聖母馬利亞雕像的花車，還有裝扮成聖潔、仁慈、正義的聖母象徵的菲律賓外籍勞工，會在在中山北路一帶舉行盛大遊行。在二〇〇二年，台北市外籍勞工諮詢中心特別跟聖多福教堂協商，讓遊行能夠以台北車站為出發，繞到二二八公園，並有外籍勞工一路主動走出隊伍，向居民分送鮮花，打破原本區隔的社會界限（圖7.8）。

此外，台北市外勞諮詢中心也將外勞詩文活動拉到誠品書店、中山堂舉行，以打進一般中產階級市民的生活空間，當時擔任外籍勞工諮詢中心主任的龔尤倩小姐，在訪談中即表示：「外勞的集體性是很能感動人的」。為什麼能感動人，是因為集體性的時候，外籍勞工所形塑出的社會空間，在這裡每個人都伸展了自己，也造成了社會關係的顛覆與翻轉。文化策略，使得外勞聚集出現了不同的經驗，在改變居民對於外籍勞工刻板印象的同時，是社會關係的翻轉。

節慶遊行、封街舞會、詩文節、龍舟比賽、外勞文化之旅，媒體有關外籍勞工文化報導漸漸多元（黃惠玟，1999；黃淑芳，2001；陳智華，2001），台北市並設有多語媒體「外勞e通訊」、「Hello Taipei」廣播節目，外勞文化地圖、外勞手冊等。當時擔任台北市市長馬英九先生，在多次參與外籍勞工文化活動中表示，「外籍勞工也是台北人」，應像其他市民一樣共享這個城市，並強調外籍移民這是台北都市邁向國際化與全球化的一部分。

ChungShan也是外籍勞工與台灣社會對話的一個窗口。二〇〇三年二月八日，爆發作家劉俠和印尼籍監護工薇娜的意外事件。當劉俠不幸去世的消息傳出後，媒體一面倒的譴責外勞時（據報是因為薇娜精神狀況有異），事實上，薇娜是因為太累了，劉俠的病情本應聘請兩名監護工才能夠分擔，在只有薇娜一人的情況下，照顧劉俠並不容易。薇娜說：「劉俠對我很好，我很愛她，我自願不要有休假，七個月來我只有在去年十二月，印尼新年時，外出打公共電話回印尼，因為電話很遠很遠，我拼命用跑的去、用跑的回來，因為我知道劉俠的生活幾乎都要依賴我……。」

在事件的隔天，五六十位印尼與菲律賓外籍勞工，在外勞文化中心的地下室召開追悼會。他們擔心這次事件很有可能導向社會大眾對外籍勞工進一步的污名化與集體歧視。追悼會開始，首先由菲律賓人手持蠟燭祝禱，黑暗裡十幾個人圍成一個圓圈，燭光也圍出了一個光圈，照耀著每個人的面孔，好多張面孔都在歌聲中流淚。

一名印尼外籍勞工說道：「我們是人，為什麼把我們當狼、當老虎？」當勞委會提出對外籍勞工加強精神健檢的回應時，外籍勞工也訴求「家事服務法」，呼籲台灣社會去省思外勞所身處的生活情境，希望法規能更加清楚的界定她們的工作時數、休假期限、居住環境，讓她們能在被保護與規範的情境下，減少跟雇主的衝突，提升工作品質，跟台灣社會和諧共存。在劉俠事件過後，集結台灣多名外籍勞工團體的聯署，開始擬定台灣「外籍勞工家事服務法」草案，此案現在仍在推動中，如果能夠通過，將更加保障女性家庭幫傭、監護工的工作條件，為她們投入都市生活，開啟更大的空間。

結語

全球化情境中，跨國移民議題正在各地醞釀與發酵，來自中東與非洲的跨國移民在歐洲城市中正展開對都市權利（the right to the city）的爭取，聯合國、國際勞工組織，也都開始推動更符合人性的外勞政策；然而，「城堡歐洲」(Fortress Europe）也相應而起，防堵跨國移民進入（Kofman, 1988）。

一般來說，外籍勞工不被研究文獻視為移民，因為他們被

圖 7.8
聖十字架節隊伍。
（吳比娜攝）

視為只是短暫停留的過客，永遠取不得居留權，也使他們的活動史跡在城市文獻上空白。但是，就像百年前移民海外的華人被徵課人頭稅，華埠、中國城在北美各地城市被排斥一樣，在百年後的今日，在美國、加拿大和其他國家，移民和城市之間的關係，從排拒而逐漸融合，開始成為城市文化驕傲的一部分（Anderson, 1991）。

一九九〇年間到二〇〇〇年初，菲律賓外籍勞工在台北市開始有社群空間形成，而今天，ChungShan仍繼續存在與活躍，「台北市外勞詩文節」仍持續舉辦，聖多福教堂的聖十字架節，已成為傳統，引發了更多民間部落格、媒體的報導。而「外勞文化中心」在沉寂一段時間後，目前已移至迪化街，仍然持續辦理南洋文化節、美食烹飪班、中文課等活動。同時，在台北市立圖書館，都推出印尼語電腦教學，增設包含越南語、印尼語等國的圖書，國際勞工協會從事外籍勞工的影像教學與紀錄片放映，教導外籍勞工以影像表達自己的故事，多元文化的表現，慢慢呈現在都市的各個角落。

儘管外籍勞工和台北市的隔絕很大，他們卻又真實的生活在台北，時間長達兩到九年，和社會發生千絲萬縷的關係，改變了城市的地景，也成為城市文化的一部分。目前（二〇一〇年）位在台北縣市的外籍勞工人數是七萬多名，除了菲律賓外籍勞工，還有更多的印尼、越南籍勞工，而隨著台北市老年人口的增加，雙薪家庭日增，將會有越來越多監護工、家庭幫傭的需要，而城市將如何容納與書寫這段歷史呢？

如今，平均每六十一個台北人裡面，就有一個是新移民。移民與城市的關係，更隨著台北市超過四萬名新移民的移入，日益普及的新移民語言課程、社會服務地點，在城市有更多的能見度。在未來的台北，外籍勞工的社群空間是否有更社區化、在地化的可能？是否可能有外勞租賃公寓？將外籍勞工的住所從雇主的家庭場域中脫離出來，形成獨立服務？

台北市是否有一天會有具規模的小菲律賓城、印尼城？這些都是未知之數。全球化年代中，越來越多的流動人口，形塑了城市的新文化（Sassen, 1988），從國家的角度觀之，移民往往隱藏著背離、騷亂或是闖入的可能性，但是移動也可以從正面積極的觀點被看待，讓人開展自身的文化面向，讓不同的價值得以對話、溝通（Hall, 1995），從這一點來看，ChungShan扮演著開啟的角色，讓我們看到不同世界的可能。

參考書目

朱明琴，1996，《台灣菲傭與雇主的互動關係》，台北：台大新聞所碩士論文。

呂開瑞，1999，〈外勞頻滋事，民眾擬組自衛隊〉，《聯合報》，11月9日。

陳朝福，1999，〈高雄警方取締深夜唱歌喧鬧外籍勞工〉，《中央社》，1月17日。

陳智華，〈聖十字架節遊行，中山北路菲勞起舞〉，《聯合報》，5月28日。

陳淑秦，1997，〈教堂望彌撒，外勞解鄉愁〉，《中國時報》，9月15日，第十六版。

陳永龍暨外勞休閒消費案工作團隊，2002，《台北市外籍勞工休閒方式及消費型態調查研究》，台北：台北市政府勞工局委託研究報告。

張柏東，1999，〈耶誕節防外勞犯罪，竹縣警局座談〉，《聯合報》，12月22日。

葉論珍，1995，〈彰化引進一萬五千外勞滋生問題嚴重〉，《中央社》，8月5日。

游文寶，1999，〈禁止外勞進校園，引發反彈〉，《聯合報》，10月23日。

金天立，汪英達，2002，《拿著抹布的窈窕淑女：台北地區菲律賓幫傭的異域生活經驗》東海大學社會學學生論文發表會。

林秀麗，2001，《來去台灣洗Benz–從台中地區菲籍女性家戶工作者的日常生活實踐談起》，東海大學社會學系碩士論文。

許弘毅，2000，《中山北路聖多福教堂地區菲籍外勞的空間使用及影響研究》，淡江大學建築學系碩士班碩士論文。

黃惠玟，1999，〈北市將辦外勞交流活動馬英九希市民顛覆思想〉，《中央社》，6月23日。

黃淑芳，2001，〈台北外勞詩文比賽外勞感性訴說心聲文采動人〉，《中央社》，8月26日。

藍佩嘉，2002，〈跨越國界的生命地圖：菲律賓家務移工的流動與認同〉，台灣社會研究季刊（48）：169-218。

龔尤倩，2002，〈外勞政策的利益結構與翻轉的行政實驗初探〉，台灣社會研究季刊（48）：235-285。

Anderson, K. J. 1991. *Vancouver's Chinatown: Racial discourse in Canada: 1875-1980*. Montreal and Kingston: McGill-Queen's University Press.

Hall, Staurt. 1995. "New Cultures for Old." In Massey, D. and Jess, P. (eds.) *A Place in the World ? Places, Cultures and Globalization*, New York: Oxford University Press.

Kofman, Eleonore. 1998. "Whose City? Gender, Class, and Immigrants in Globalizing European Cities." In Jacobs, J.M., and Fincher, R. (eds.) *Cities of Differences*, pp. 279-300. New York: Guilford Press.

Landingin, Blessie L De Borja. 2002. OFW's (The Plight of the Unsung Heroes). Edited by SMI.

Nora H. and Norma, S. C. 2001. *Seeking Community in a Global City: Guatemalans and Salvadorans in Los Angeles*, Philadelphia: Temple University Press.

Sassen, Saskia. 1988. *The Mobility of Labor and Capital: A Study in International Investment and Labor Flow*. Cambridge: Cambridge University Press.

8

地下莖城市的異聲畛域

溫羅汀獨立聯盟的詩與政治

康旻杰——文

教戰守則

○ 到實體獨立書店買書，就是具體的城市行動。

THE DISSIDENTS' TERRITORY OF A RHIZOME CITY

THE POETICS AND POLITICS OF THE WILLOW DEN INDEPENDENT CONSORTIUM

命名

命名是一個刻意的文化和政治動作，也是一個權力展現的過程。認同政治中，弱勢團體和個人越來越清楚，「你若不為自己命名，其他人就會為你取名」；因此，命名也可以是自我賦權（self empowerment）的策略。桃源國小校長鄭漢文曾從部落的角度提出命名的價值：「我們希望如果可以的話，這個名稱讓部落去思考過去的文化主軸在哪，如果可以的話，name本身就會生產出意義……名稱的意義就在這裡，訴說故事、意義、人跟人的關係、人跟物的關係、人跟自己的關係、人跟你的關係。」（財團法人臺灣大學建築與城鄉研究基金會，2011）Potteiger and Purinton（1998）也提到，命名賦予了某種身分和認同，也是一種將不可預期及未定狀態固定下來的慾望，更是地方營造的基本敘事策略。

所以，在台北公館的版圖內刻意創造一個新地名（或某種空間指涉）顯然別有目的。至少在二〇〇五年三月前溫羅汀並不存在，但現在台北有一小部分的人開始認知到它代表了「溫」州街、「羅」斯福路、「汀」州路及周邊街巷延展的空間，甚至聯想到散布其中的獨立書店、獨立音樂演出發行所、咖啡社會、NGO組織所溢滲開來的文化氛圍。「溫羅汀」的名稱始於規畫專業者的地方敘事策略，經由許多獨立書店代表開會後決議，為自身所處的公館地緣提出另一個特定網絡的想像。但溫羅汀沒有任何取代公館或大學里的企圖，頂多像是一種虛擬飛地的擴散。而當公館越來越成為夜市、連鎖性時尚消費、大學機構、交通轉運站等難以扭轉之印象的代名詞，溫羅汀如一處地方註腳：原來是這些街巷內個別店家的獨立基調，讓這緊鄰台大的幾處街廓浮現一種有別於一般住宅區且可感知的地方個性。都市中的地方，自有其領域範疇及認同邊界，但溫羅汀無法在實質台北都市地圖上被標記；或本質上，溫羅汀的空間佈署不單純是地表上的道路系統，卻可能更接近一座地下莖城市的開展。

地下莖城市

亞歷山大（C. Alexander）在他一九六六年的文章開宗明義論道：「一座城市不是一棵樹」（A city is not a tree）。或更準確說，自然發展的城市並非一種垂直成長的樹狀結構，而是類似半格點陣（semi-lattice）相互交錯而擴張的網絡。樹是一種同根系開展而成的系譜和一個層級化的社會，但半格點陣像馬鈴薯的地下球莖一般水平蔓長，充滿不可預期的交會與繁衍。亞歷山大嘗試藉由空間、物件、與人的群組關係及不同群組的交疊，來描繪城市原本隨機變化卻又渾然有序的系統，而理性都市計劃或總體規劃，卻企圖透過都市治理的技術與工具，讓城市被控制或收攏於樹狀的結構邏輯。當大多數城市服膺於由上而下的規劃秩序，自發而繁複的空間社會關係漸被化約為決策者與受制者間疏離的相對立場，半格點陣城市就相對被壓抑或取代；但若底層異質力量的關係重新集結組構，逸離樹狀結構的宰制，點陣的向量和動能有時反倒鬆動了城市社會的基盤。

德勒茲和瓜達希的地下莖（rhizome）概念與半格點陣有異曲同工之處，都是對樹狀（arborescent）結構的反動和對僵固邊界的逾越。在《千重台》（*A Thousand Plateaus*, 1987）的指涉中，樹狀的維繫基於某種總體化及雙元對立的原則，由根而枝幹而葉的單向性發展毫無逆反的可能；但地下莖卻是橫向的基因傳遞且非層級化的異質鍊結，無具體的起始也無終結點，任何一點都可透過與其他點之間形成的、具方向性的力線（line）歸結於固定或流動的場域，甚或於點線的縫隙間散逸到另外的次元。

德勒茲與瓜達希藉由力線的動態關係，解釋城市中被實質疆界或認同邊界框限的領地（territory）界定、不斷經由縫隙間之逃逸力線（lines of flight）逸離崩解的去領域化（deterritorialization）過程、和多元異質分子移動交會的再領域化（reterritorialization）連結。

Massumi（1992）進一步詮釋國家的「溝紋空間」（striated space）限制了其中分子的運動，並且被平面秩序侷限在預設的固定路徑上，路徑連接的是固定而可以辨識的點。但游牧或地下莖空間是「流暢平滑」（smooth）或開放的，人可以在任何地點啟程，移動到任何地方。遊牧者（nomad）的分佈乃基於城市化外的「約定俗成」（nomos，詮釋見Holland, 2004），將自己安置在可及的開放空間，是策略性持有（holding）空間的局勢；正對反於深植在封閉城市中、制訂法規以占據（occupying）堡壘的「理體法則」（logos）。這兩者的對照亦如圍棋之於象棋。依照德勒茲與瓜達希（1987）的觀點，圍棋沒有對立、沒有後退，無目標也無終點，無出發亦無抵達，只有戰略卻無戰鬥，在棋局的開放系統中持有位置（holding position）；但象棋是結構性且制度化的空間控制與爭奪，透過棋子衝過前線的單向性推移，迄達占據領地（occupying territory）之目的方休止。

地下莖城市因而是領地國家城市的對反，透過外延的流動（flow）、認同、與網絡展開去領域化及再領域化的新版圖。這是積極與真實世界連結的繪圖（mapping）行動，而非對靜態城市結構的臨描（tracing）。雖然德勒茲與瓜達希舉出阿姆斯特丹交錯流動的運河為某種地下莖城市的原型，但他們對美國西岸的地下莖意象，如失去祖先的印地安、持續退縮的邊界、流變的邊疆等，有更強烈的空間想像，對美國地下莖（American rhizome）的指認更直指六〇年代美國叛逆次文化的核心：垮掉的世代（beatniks）、地下文化、秘密黨羽幫派，和所有不絕與外在親密接軌的側生枝枒。從這個觀點，舊金山北灘（North Beach）的城市之光書店（City Lights Bookstore）幾乎具像化了地下莖城市的真實據點。Morgan（2003）描述這家在過去一甲子僅因反戰的集體行動闖過兩次的獨立書店，在今天仍與任何激進的年代一般具有重要的意義，「因為總有人願意去尋找獨立的文字和另類的聲音，尋找那些不是在任何地方都能找到的東西。」在台北，一間一間如星圖散布又群聚於台大周邊的獨立書店，也彷彿形構出某種地下莖城市的樣態；非從主流價值的異質聲音在急遽商品化的環境堅持特定主張或初衷，前仆後繼或策略合縱，在網路與連鎖的年代，溫羅汀獨立聯盟的非正式網絡逐步蔓延。

圖8.1
溫羅汀的城市行動：聲援出版閱聽自由（OURs提供）

溫羅汀獨立聯盟[1]

獨立書店聯盟的關係很特殊，既個別稜角分明又彼此支援共榮；就商業面言，或類似過往店家集市相互競爭但又創造集體市場效益的機制，但聯盟另有透過集結，逆反連鎖壟斷和不公平交易的企圖。如成立二十餘年、擁有超過六百個會員的北加州獨立書店聯盟（NCIBA，The Northern California Independent Booksellers Association），是一個書店同業的非營利組織，在促進獨立書店多元性及活力、並深化與周邊社區的鄰里關係同時，也為個別書店爭取生存空間，不惜與濫打折扣促銷的連鎖書店對簿公堂。書的利潤很低，書店存活關鍵常在於低店租及如何取得較低進書價格壓低成本。但大型連鎖書店仰仗充裕資金及較大售書市場的優勢，從出版商取得低進價以創造折扣條件，從一開始就設立了不公平競爭的門檻。而獨立書店聯盟有時也可藉聯合進書的機制，降低個別書店所擔負的營運成本。

溫羅汀獨立聯盟始於各家獨立書店面對鄰近高地租及連鎖／網路書店衝擊的策略思考，但也礙於人事成本高，多數書店老闆都是校長兼撞鐘，幾乎無餘力去推動聯盟或支撐聯盟運作的必要條件。當位於同一地緣的非營利「專業者都市改革組織」（OURs）正為台北市文化地景規劃提案，以公館獨立書店為地區文化基底勾勒地景想像與行動，溫羅汀獨立聯盟反而因局外團體的加入產生了啟動的動機。但聯盟其實很清楚，雖然同樣如NCIBA珍視社區關係、維持對社區的承諾、進而扶植社區產

1 溫羅汀獨立聯盟曾在不同脈絡出現過「溫羅汀獨立書店聯盟」、「溫羅汀行動聯盟」、「溫羅汀聯盟」等組織名稱，但從未正式化某種官方說法。開會或聚會時總是廣邀臨近性格接近的店家及社區代表，與會者流動性大，但核心成員仍以獨立書店為主。本文暫通稱為「溫羅汀獨立聯盟」。

業、且「隨時挺身對抗言論管制與任何有礙言論自由的威脅」，但自身卻尚未構成等同的組織或運作條件；甚至必須有別於同業聯盟，而與其他類型但理想性格較為接近的在地鄰里店家形成網絡。溫羅汀獨立聯盟因此無法脫離獨立書店聚集的地區，但又很難界定具體邊界，充滿延展性的網絡也不強調立案組織，而像一群共同拉著呼拉圈的夥伴，均等位置的個體環繞著一個空的中心。

這個無顯明中心，不趨從主流的「準」地方和「準」組織，卻低調為台北城市的精神向度定錨。尤其是卡在物慾竄流的消費版圖中，撐持一種對書寫世界近乎信仰之熱情的獨立書店，拒斥了資本城市連鎖化的收編及高級化的誘惑，卻始終無法脫離大型書店進逼和地價房租飆漲的威脅。這些城市獨立精神的橋頭堡其實體質極其脆弱，若非訴諸強烈的社群認同或策略聯盟，未來遠路勢將更形坎坷。獨立音樂的場景也未見樂觀，曾經孵化諸多音樂創作演出天分的地下表演空間，三不五時接到不符使用分區內容的開罰，被迫噤聲沈默，但台灣的都市計畫至今仍無能就土地使用分區內容，認可獨立音樂的文化價值。當特定文化主體的聲音隱匿，城市特殊的文化地景也將迅速遭資本市場吞併。於是，溫羅汀獨立聯盟以這處可感知的城市街區為據點，企圖透過發聲與行動，維續台北市自由主義精神及多元文化認同的實質基地。

從聲援出版閱聽自由、籌辦沙龍講座與獨立書展市集、公共藝術行動、獨立書店的通識教育選書、網站經營與鏈結、協助單一店家與上游出版物流談判公平產銷條件、爭取國際書展的展售平台、建立與鄰里生活社區之良好互動，乃至突破都市計畫使用項目及建築法規框限、監督文化產業立法內容、思擬房地租控制（rent control）策略、跨地域跨領域合作聯盟等具體議題和任務，陸續考驗一個相對鬆散且缺乏財務與人力資源的聯盟（中華民國專業者都市改革組織，2006）；但更關鍵而隱晦的，卻是聯盟內部殊異的認同價值衝突難以迴避，領地性認同與計畫性認同（project identity, Castells, 1997）之間也存在相當程度的緊張關係（如同志社群 vs. 一般社區、地下音樂社群 vs. 住宅社區等），彼此矛盾的化解真有賴共容相處的智慧累積。溫羅汀獨立聯盟琢磨出的潛規則是，個別的主體性必須被認可尊重，不致因意識型態差異或某種迎合城市大眾之目的反遭排擠。但在一次晴空書展的籌畫過程，社群的價值落差還是讓認同政治的角力毫不留情地浮出檯面。（圖 8.1）

一 戶外晴空書展

在溫羅汀籌辦戶外晴空書展是個別獨立書店一次實質的集結，也是與創意產業異業結合的首度嘗試。二〇〇六年初辦「溫羅汀冬墟」時，文創產風潮尚未成氣候，店家們決定選擇區域內行人最容易途徑的節點，以利成效。但溫羅汀步行量高的戶外空間有限，最適合書展和市集尺度的正好是兩家教堂的廣場。協調場地時，天主教的耕莘文教院因自始就是溫羅汀聯盟的重要成員，毫無條件支持所有店家參與——即便在性別議題上彼此可能存在價值差異；但基督教的真理堂希望與同性戀書店及包容女性身體自主權的女書店「保持適當距離」。聯盟面對真理堂的態度時曾開會討論，絕不犧牲任何一家書店權益及立場，否則寧可不辦。當時，晶晶書庫的店長阿哲堅持驕傲現身，要「在上帝的見證下發散彩虹光芒」（自由時報，2006/01/14）。聯盟的策略是，索性商借與真理堂隔溫州街相望的魯米爺咖啡館戶外平台作為晶晶書庫和女書店的展場，再以塗繪彩虹橋的方式銜接溫州街兩端，甚至以此凸顯性別議題在當今城市仍被邊緣化的處境。但媒體聳動的頭版標題「天堂之路：大教會排擠小書店」，卻將包容力極大的耕莘文教院一併扯入社會排除的機構，片面報導經由網路的傳遞，激起了許多學者及社會運動團體對冬墟及教會的批判與杯葛，造成溫羅汀聯盟內部頗大的內傷。但當隔天場地移到耕莘文教院前的廣場時，晶晶書庫的彩虹旗及攤位驕傲地出現在廣場最顯目的位置，背景正是天主教耕莘文教院斗大的金字。神父親自在現場與阿哲握手表示誠摯歡迎，「一切盡在不言中」。當天正好教會禮拜，天主教友們從教堂走出時對廣場及街角的書展市集表示欣喜，卻沒有人特別對同性戀書店攤位或一旁唱盤上紅衛兵進行曲的播放提出異議。這是溫羅汀獨立聯盟很重要的一課，也是真實城市仍每天面對的認同邊界張力。處於邊界「之間」（in-between）可能是危境也可能是解放，而「跨越」永遠不會只是口號或和諧的相互擁抱。（圖8.2）

溫羅汀表面的多元並存的確暗藏玄機，Devadas（2005）指出多元文化主義奠基於多元論（pluralism）的政治學說，因而無法逃避多元論與生俱來的本質矛盾。深究多元文化主義必須面對此矛盾，並透過無止盡的行動及轉化而創新，因多元論是異質、批判、且自覺的，更勇於正視其內部的不公義與衝突；多元文化論述必須由此持續延伸，而非流於政治正確的修辭。Eagleton（2000）特別有感而發：「在最差的狀況下，開放的社會變成一種鼓勵所有封閉文化共存的社會⋯，透過防禦性的反動，資本主義的各種掠奪行動衍生了一群封閉的文化；如此一來，資本主義的多元意識型態便可以將此頌揚為生活形式的豐富多樣性。」溫羅汀內的認同政治暴露了多元文化所指涉的空間意義競爭，乃至實質空間持有的鬥爭，但Hayden（1996）在論述「公共歷史」（public history）時卻也提醒，「認同政治——無論定義於性別、種族、或鄰里——都是面對都市建築環境不可逃避且關鍵的面向，由公共歷史、都市保存、及都市設計的觀點看來皆如此。」

書展結束後半年，聯盟最忠實夥伴之一的桂冠書局終於不敵高租金而決定收掉撐過二十六年的店面。即使店主徐瑞宏每日親自堅守店面節省人事開銷，但緊臨主幹道的一樓店租壓力仍然打敗了社會人文書店的理想，而溫羅汀聯盟一直倡議的地租控制機制，在台大周邊的地價一級戰區無法落實，所能做的也僅只是如何協助桂冠與城市有尊嚴的告別。八月中，桂冠以不打烊的方式與聯盟夥伴及不捨的書友們在燭光中守夜，並於門前植下一棵象徵性的月桂樹，期待來日的重生；同時，在馬路轉角的台大周邊書店與文化資產地圖上，桂冠從書店圖示被除名改為「遺址」。諷刺的是，最後兩天的營業額竟然比一整個月的總額還高，瑞宏無奈表示，若平日都是這種光景，書店可能就活下來了。但桂冠卸下的事件，引起一位愛戴桂冠的書友注意，主動與瑞宏連繫希望能承接招牌，將來再找一處適合的地方讓桂冠重生。他並於所在地新竹植下

圖8.2
溫羅汀冬墟認同政治下的一日烏托邦。(OURs提供)

另一棵山月桂表示決心，儘管桂冠歇業成為溫羅汀獨立聯盟第一階段最酸苦的注腳，書友與書店間的故事還是在苦澀中摻雜了一些人情的溫度。

溫羅汀閱讀花園

二〇〇九年，有點意外而諷刺地，因為「羅斯福路沿線進行窳陋建築基地騰空綠美化規劃設計案」（也是被通稱為「台北好好看系列二」的都市更新獎勵計畫之一部分）的推動，沉潛一段時間的溫羅汀再度被喚醒。這個專案計畫其實乃都更處為配合二〇一〇年台北國際花卉博覽會的舉辦，以最高百分之十的容積獎勵為誘因，吸引地產所有權者主動拆除閒置或窳陋的地上物，並於空地進行十八個月以上之綠美化。過程中產生的七十處暫時性綠地總面積高達五萬五千坪，但因一年半後將盡數「由花園變銀元」而被許多人民團體譏為「假公園」。此政策一方面創造更多民間及公有地管理機關的更新動機，又兼收花博期間市容改善的成效，市政府積極推動之餘，更進而委託專業規劃設計團隊，針對策略性地區進行暫時性綠地系統的整體規劃。羅斯福路沿線綠地的執行團隊經典工程顧問公司本身與強調市民參與及社會行動的OURs有密切的合作夥伴關係，雖清楚意識到台北好好看更新計畫的爭議，卻同時珍惜暫時性綠地與公園路燈管理處行政管理脫鉤的難得契機，因而提出許多兼具實驗性及參與性的計畫，從市民農園、雨水花園、「百人搬瓦片」舊建材回收再利用、城市綠沙龍、社區麵包窯等，分別與不同NGO／NPO組織及緊鄰社區合作，企圖改變過於偏重觀賞及機構性管理下的公園使用模式，提升綠地的社會性及公共性想像。其中「綠點五」臨近溫羅汀夥伴的晶晶書庫及耕莘文教院，遂以閱讀花園的定位，透過OURs邀請獨立聯盟一起加入規劃及執行。

溫羅汀獨立聯盟曾經嘗試爭取汀洲路舊台鐵宿舍的空間未果，對於突然空降一處區域內與閱讀有關的開放綠地其實懷有疑慮。在經典工程於二〇一〇年一月十二日召開的座談討論會中，有些夥伴成員對於與台北好好看掛勾、並因此獎勵財團開發容積的規劃背景直接提出批判或質疑的看法，認為有違溫羅汀獨立聯盟一貫的宗旨。但也有成員反向爭論，若能確定行政干預降至最低，開放不同社群在花園的公開及集體發聲，這反倒是一般公園或公共空間管理難以提供的公共性平台，各家立場明確的獨立書店或音樂場所，正可善用閱讀花園表達對特定議題的關切或開展行動。當然，也有些書店及新加入的成員更在意聯盟參與閱讀花園的運作，是否有助獨立書店本身的存活及社區網絡的維繫。辯論頗為激烈，但大多環繞著公共性議題及如何啟動下階段溫羅汀聯盟的行動可能。尤為可貴的是，先前溫羅汀表徵的社群網絡與地域性住宅社區的關係，潛存著混合土地使用及社會價值差異下的空間張力，在此討論會中，代表溫州社區的發展協會理事長卻表示，過去幾年間一直想找回溫羅汀合作，或許閱讀花園可成為跨越認同差異的場域。

獨立聯盟初步的共識，是在與市政府及土地所有權人順天堂保持必要的距離下，參與後續閱讀花園的規劃及運作。閱讀花園的原址是兩連棟五層樓的透天建築，緊臨著一間低矮的黑瓦日式平房，而順天堂對結合藥草與閱讀的花園設計表示樂見其成。建物拆除後，規劃設計團隊以中藥葫蘆形式為平面配置基礎，發展出香藥草園區間、包含了綠沙發和書架牆的閱讀及展書空間，入口處則以溫羅汀讀書地圖及一塊預留給各書店發揮手拓的小廣場引介空間主題。原初的手拓板構想建議各書店負責人在未乾的陶板上留下手印簽名，再拼貼為廣場鋪面。但在討論過程中，書店較傾向選擇各店的代表書或作家作品，由其中挑出一段文字鑲嵌於銅板上，拼成「書店之詩」的鋪面，

甚至在開幕時由市長或地主逐一唸出。（圖8.3）

由市長朗誦的想法是同志社群政治性的意圖，考驗政客的開放性及幽默，但也是認同政治的發聲策略。晶晶書庫選擇的代表性文字是來自同志詩人陳克華《我的肛門主體性》反諷性新詩的第一段：

一夜之間，我的肛門，就突然有了他的主體性。
我原以為
他，就只是個糞便
和陽具會經過的地方
至多，我的屁
偶爾會在那裡塞車……
然而，我的肛門
我們的偉大肛門
今天清楚告訴我，他擁有主體性

直言不諱的詩句若真由市長念出確實會有突兀但象徵性的作用，但也挑戰其他書店相關社群及住宅社區對空間「公共性」的包容力。在開幕前，順天堂代表曾經對部分書店詩句有意見，希望適度調整或撤換，但聯盟堅持地主在獲得容積獎勵後，對這十八個月私有產權公共化的階段並沒有比任何市民更高的發言位置，更無審查空間內容的宰制權力，嚴正回絕了順天堂的要求。反而，與晶晶書庫臨近的天主教耕莘文教院，並沒有因為宗教立場反對可能與其教義相違的文字為鄰，畢竟陳克華原詩全文可

圖8.3
溫羅汀藥草花園的詩句銅片。（經典工程顧問有限公司提供）

完全從殖民性角度另作政治新解。因而就地緣安排，晶晶書庫詩句銅片的側邊，緊靠著耕莘文教院聖潔的詩文：

聖母保我天真童心
一如山泉瑩潔澄清

同性戀社群與天主教社群的象徵性共存，不僅出現在溫羅汀的都市現場，也再現於閱讀花園的小廣場。這比一般都市公園所默認或界定的無主體性之公共更具邊界衝突的潛在危機，但也更需要公共過程協調出差異間的相互包容與尊重，反倒彰顯了一處動態且趨近真正公共領域精神的場所。公共與機構（特別是國家機器）不能被劃上等號，Deutsche（1996）提醒，「一個民主的公共空間是一處由分化、衝突、差異而非同化所構成的、抗拒威權力量的領域」，是當絕對權力缺席時、「人民的意義同時被建構且處於風險」的「不確定社會領域」。Fraser（1990）則提出「逆

眾」(counterpublics）以批判J. Habermas的男性布爾喬亞公共領域概念，並倡議由長期處於被壓抑及邊緣化的社群位置重構所謂的「公眾」(publics)，藉由「被次級化的社會團體成員所創造並傳播對反論述（counterdiscourses）的並行論述場域之建構，以形塑其自身認同、興趣、和需求的反向詮釋。」這種「逆眾」之於扁平化的公共空間，正如地下莖城市的社會網絡之於地上城市的去社會脈絡下的公共空間系統。

開幕當天，晶晶書庫在綠沙發上插上彩虹旗，南天書局則將殖民時期的台北鳥瞰圖掛到書架牆上；而從閱讀花園的書店之詩廣場，到接續由各書店每月輪流認養的星光夜讀計畫，在在可見「逆眾」與溫羅汀行動的互通聲息。星光夜讀由茉莉二手書店的執行總監林皎宏建議，每月一次，不同書店擔任花園主人，各負責主辦與夜間戶外閱讀相關的活動。輪值第一個月的台灣ㄟ店，在八八風災一周年後的八月夜晚，邀請《山豬、飛鼠、撒可努》的作者排灣獵人撒可努親臨閱讀花園，朗讀夜談「從獵人學校到為土地唱歌」。獵人堅持花園內應燃起篝火，如在部落聚會聊天時的尋常場景；但台北的公園綠地原來是不可起火的，溫羅汀閱讀花園從行政管理的縫隙間，由撒可努燃起第一把都市聚會的溫暖火光！當天晚上，撒可努從台東帶著獵刀、身著傳統排灣服飾盛裝與會，三十多人在車水馬龍的羅斯福路邊，圍著火光聽獵人邊講邊讀邊唱，竟恍如在台東的山林間忘情放野，親炙現場者幾乎捨不得離去。

接連幾個月，分別由晶晶書庫與國際勞工協會合辦的「T婆工廠」及錄片放映及座談、書林書店邀請導演耿一偉導聆並配合即興劇場與音樂演出的「趣味契訶夫」、唐山書店與黑手拿卡西合作演出並探討「弱勢族群在城市的生存之道」、女書店號召三位女性詩人及創作歌手表演「女詩歌行」等特殊的讀演方式，將各獨立書店關心的社會議題或各欲彰顯的社群光譜帶入溫羅汀閱讀花園的綠沙龍。不時有路過的行人、學生、社區居民被吸引駐足，進而聆聽，甚至加入討論和辯論。這些非主流的聲音融合文學藝術與社會包容，在詩與政治之間來回辯證；不再僅是社會運動前緣的激情或密閉講堂及學院期刊的激進論述，更多了些與一般市民對話與分享的平實力量。混合了書香與藥草香的花園，也比台北其他綠地公園多添了一分民主與正義的餘韻。（圖8.4）

二〇一〇年底的跨年，當大多數台北市民蜂擁到一〇一倒數看建國百年煙火，獨立聯盟邀約書店好友一起在閱讀花園，讓「溫羅汀陪你跨年」。依十八個月的使用時限，這很可能是唯一一次可以在閱讀花園過年的機會，又有建國百年的加持，獨立聯盟安排了特殊的聚會與夜遊，提供市民在煙火和打歌演唱會之外的另類跨年選項。當晚加入閱讀聚會的夥伴都各自帶一本可供交換的好書，並分享個人與該書之間的緣分與故事。當花園內正進行不插電的演唱同時，書林書店的蘇老闆帶著想進一步認識溫羅汀的朋友，循著街弄踏查區域內的夜間動植物生態。回返後，大夥在花園的藥草區挖了一個大洞，埋下準備送給溫羅汀的時空膠囊，待日後更新開發來臨、挖土機鑿開土地之時，膠囊將重見天日，帶給開發商及台北城許多市民想傳達的訊息。跨年時，所有夥伴在廣場點滿燭火和燈籠，當一〇一昂貴的煙火乍熄幻滅，溫羅汀的微光才慢慢點亮城市邊圍聚了書、藥草、及愛書人的角落。

在籌劃閱讀花園的過程，大家逐漸形成固定聚會的默契，希望無論是否有行動或活動，至少每個月第三週的星期三下午三點都碰一次面，聊聊各家近況都好。這個「三三三」模式不像組織化的開會，必定先有議題、章程、討論後再作成決議；反而如朋友間的聚會，避免太流於會議形式而僵化了彼此的關係。南天書局前輩魏先生推薦東京神保町的書店地圖，溫羅汀也該有分自己的獨書地圖呀，他說。三三三便決定要製作地圖，但不向政府伸手要資源，認同的書店每家認捐一單元，花了很多次討論並修

圖8.4
星光夜讀現場的城市微光。(經典工程顧問有限公司提供)

正內容，從獨立書店出版社又拓展到音樂空間，咖啡館，NPO，甚至區域內的保育植物和瑠公圳，溫羅汀終於有了一份聯盟夥伴合作完成的讀書地圖，是集體重構的地方意象與城市想像。這是一次「積極與真實世界連結的繪圖行動」，成果還是一份實用的地圖。（圖8.5）

前前後後又有多種溫羅汀地圖顯影，有些是官方觀點下對創意產業聚落的勾勒。二〇一一台大藝術季也以溫羅汀為主題，生產了地圖及一系列策展下的地方詮釋作品。這是多年來台大學生第一次大規模主動且刻意回應溫羅汀與台大的大學城關係，但之前零星的互動其實未曾斷續，從連續多年校園文化資產詮釋課程的演講討論、到不同課程與溫羅汀行動的結合、以及最直接的每日生活消費、閒逛、與駐足，台大學生意識到溫羅汀的存在，讓台大周邊與台灣其他大學圍牆外的商業環境有些差異，有些人甚至形容通往唐山書店的地下甬道是知識分子必經的朝聖之道。二〇一一台大藝術季的節目琳瑯滿目，從為溫羅汀量身打造的裝置藝術、書寫、地圖、劇場、舞蹈、論壇、市集，到走出校園的達人街巷導覽，一季的展演為溫羅汀累積十分豐厚的文本及學生觀點的溫羅汀價值，其中不乏質疑、批判，但也有更多的理解與情感。另外如「初等環境設計」及「藝術介入……」課程，邀請溫羅汀的書店夥伴參與課程討論，引導學生重新詮釋各家書店為閱讀花園提供的銅板詩文內容，作為地區公共藝術提案的參考。

溫羅汀獨立聯盟曾討論閱讀花園的更新開發啟動後，鋪面的銅板與詩文該如何「回家」？回到各家店面門口、一個更適合詩文主題的溫羅汀角落、抑或另一處幽靜的閱讀花園？而回家的過程又如何成為一次公共藝術行動，彰顯眾人對都市更新的看法及「對逆公共」（counterpublic）空間的期待？學生操作基於參與和文本／社群分析的原則，生產了許多細膩且有趣的提案，甚至透過近千張不同觀點的影像，以集體裝置再現溫羅汀的街巷敘事，但最終仍挫敗地坦承，「大部分人還不是很確定應該如何回應溫羅汀這塊場域」（王偉澔，詹品丞，2012）。聯盟成員對公共藝術計畫有不同的期待，尤其關於藝術形式及設置地點與方式的看法還很分歧，但普遍同意當銅板詩文回家時應該有所行動。這可能又將是另一次在詩與政治之間迂迴辯證的過程。

溫羅汀與大學師生間的密切互動，對生活社區本身也造成兩極化的影響。既是充滿文化活力與文藝氣息的大學城，又是大學外部經常失控的住宅環境，一旦某些與生活介面衝突的敏感議題引爆，被許多西方規劃專業稱頌的混合土地使用模式反而成為詛咒。溫羅汀雖然僥倖避過如師大夜市商圈與緊鄰社區間的對峙，但當台中阿拉夜店大火後，台北市政府對音樂展演空間的適法性檢討，竟直接衝擊長期與女

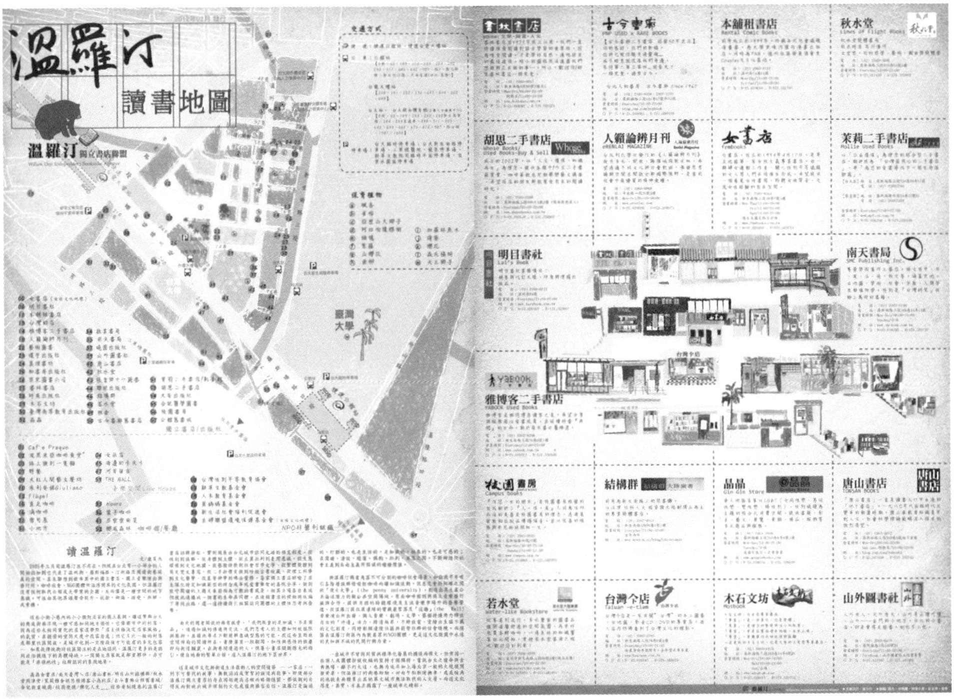

書店隔鄰相伴的獨立音樂場所女巫店的生存。當事件引起媒體關注，不少著名歌手倡護女巫店對台灣獨立音樂的貢獻，而溫羅汀聯盟夥伴也同時展開行動，聯盟內許多書店咖啡館及音樂場所都無條件加入聲援行列。最令人吃驚的是大學里溫州社區發展協會及守望相助隊選擇站在女巫店一邊。通常表演過後，散場群眾還不願離去，在狹窄的巷道流連聊天，造成住宅區鄰居很大的困擾及反感。女巫店事件還在烽火滿天的時候，溫州社區發展協會動員志工，每天晚上主動到女巫店附近舉牌，請群眾安靜離去，避免干擾社區徒增政策轉圜的變數。幾天內，市政府迅速回應，承諾未來在土地使用分區管制規則增列「音樂展演空間業」，暫時緩解了女巫店歇業危機，媒體還稱之為「女巫店條款」（聯合報，2011/05/26）。這個結果對師大商圈至今無解的對峙狀態或許有些提醒，在領地社區與認同社群之間，或許仍依賴最傳統的鄰里自治關係，作為邊界流動的基本媒介。

結論

溫羅汀地下莖城市「再領域化」的過程不為鞏固唯一的中心主張或理性。對那些永遠好奇、亟欲探索的心靈，意識平台縫隙一處粗糙的轉折或一陣刺耳的噪聲，都可能導向激進的思想解放，甚或認同邊界的鬆動。這是城市文化與街道生活共構的人文層；一家店，一則不可替代的故事，無數滔滔或絮絮的認同論述。即便部分溫羅汀獨立書店的存在，因迴避高店租而略顯隱匿，那低調的自得反而對映出城市真正的文化厚度與雍容自信。溫羅汀是論述的、行動的、也是生活的，是知識的、抽象的、也是可感的；在詩與政治間不斷辯證自由主義揭櫫的寬容與自由。而溫羅汀獨立聯盟自發性的異業連結與網絡延展，不僅開啟了地下莖城市由下而上、不斷在行動實踐中協商

圖8.5
由溫羅汀聯盟自資自發並參與製作完成的溫羅汀讀書地圖。
（溫羅汀聯盟）

溝通、琢磨差異的另類城市計畫，也為Massey（1993）所倡議、具開放及滲透性邊界之「進步地方感」（a progressive sense of place）下了一個真實的註解。

於此，城市空間不再服膺海德格召喚的居所性（dwelling）地方認同，卻誠實暴露現代都市性中異質認同邊界交錯碰撞出的豐富與複雜。潛伏於公館高度商業化與理性都市計畫的表層下，溫羅汀許多「逆共」空間表徵了台北多重文化主體發聲、論述、及動員的深刻經驗，同時又見證了某種布爾喬亞社會中、不斷擺盪於犬儒批判與社會行動間的知識份子之永恆困境。無論堅守左翼理念或本土主體、身體自主或情慾自由，溫羅汀的象徵性認同所在各自纏附了特定的社會價值觀與意識型態，但又總似能在彼此的差異縫隙間衍生更獨立自由的「外邊思維」（或「域外思維」，Foucault, 2003）。南天地圖書店的魏老闆說的極有風骨，「我們販賣的是知識，不是商品」，通過知識的傳遞與交流，我們思考人的主體如何被框限與壓抑，並藉此尋求不斷崩解意識型態的可能。十分弔詭地，這一處闡述不同理想關懷與社會實踐的基地，越是支持個別文化主體認同價值的深化，越必須維持異類認同界面的開放，儼然就是一座城市的縮影。

參考書目

中華民國專業者都市改革組織，2006，《台北市文化地景參與規劃案總結報告》台北市：台北市文化局。

自由時報，2006/01/14，〈天堂之路　大教會排擠小書店〉，http://www.libertytimes.com.tw/2006/new/jan/14/today-taipei2.htm

王偉澔，詹品丞，2012，《初環青年：初等環境與建築設計作品集》，台灣大學建築與城鄉研究所初等環境與建築設計課程。

財團法人臺灣大學建築與城鄉研究基金會，2011，〈山林小學系列座談〉，臺北市：財團法人臺灣大學建築與城鄉研究基金會。

聯合報，〈郝龍斌出手　女巫店不關門了〉，2011/05/26，http://mag.udn.com/mag/happylife/storypage.jsp?f_ART_ID=320903

Alexander, C. (1966) A City Is Not a Tree, in *Design* (206), London: Council of Industrial Design.

Castells, M. (1997) *The Power of Identity, The Information Age: Economy, Society and Culture Vol. II*. Cambridge, MA; Oxford, UK: Blackwell.

Deleuze, G. and F. Guattari. (1987) *A Thousand Plateaus: Capitalism and Schizophrenia*, translation and foreword by Brian Massumi, The University of Minnesota Press.

Deutsche, R. (1996) Tilted Arc and the Uses of Democracy, in R. Deutsche ed. *Evictions: Art and Spatial Politics*, Cambridge, MA: MIT Press.

Devadas, V. (2005) Invention as Intervention: Negotiating the Margins of Pluralism, in Avery Plaw ed. *Frontiers of Diversity: Explorations in Contemporary Pluralism*, Amsterdam, New York: Rodopi. pp. 155-170.

Eagleton, T. (2000) *The Idea of Culture*. Cambridge MA and Oxford UK: Blackwell.

Foucault, M. (2003) *La pensée du dehors*, trans. (into Chinese) Wei-Hsin Hong. Taipei: Hsing-Ren Publishers.（中譯：〔外邊思維〕，譯者：洪維信，台北：行人出版社）

Fraser, N. (1990), Rethinking the Public Sphere: A Contribution to the Critique of Actually Existing Democracy, *Social Text* (Duke University Press), 25 (26): 56–80.

Hayden, D. (1996) Urban Landscapes as Public History, in *The Power of Place: Urban Landscapes as Public History*, Cambridge, MA: MIT Press.

Holland, E. (2004) Studies in Applied Nomadology: Jazz Improvisation and Post-Capitalist Markets, in *Deleuze and Music*, ed. I. Buchanan and M. Swiboda, Edinburg: Edinburg University Press, 20-35.

Massey, D. (1993) Power-Geometry and a Progressive Sense of Place, in J. Bird, B. Curtis eds. *Mapping the Futures: Local Cultures, Global Cultures*, London: Rouledge.

Massumi, Brian. (1992) *A User's Guide to Capitalism and Schizophrenia*. Cambridge, Mass. : MIT Press.

Morgan, B. (2003) *The Beat Generation in San Francisco: A Literary Tour*. San Francisco: City Lights.

Potteiger, M. and Purinton J. (1998) *Landscape Narratives: Design Practices for Telling Stories*. New York: John Wiley & Sons, Inc.

9

撐開公共／空間的縫隙

社群營造，營造社區

連振佑——文

教戰守則

- 停止視而不見、打聽土地權屬、邀請興趣同好討論、創造具有場所精神的共享空間、串聯更多熱情的社群。
- 以生活關心的議題為起始點，以社群當作能量的集散地，以網絡交織為行動的策略，以協議自治打造城市的樣貌。

SEAMS OF POSSIBILITIES

COMMUNITY BUILDING AND THE MAKING OF PUBLIC SPACE

公共／公共空間在哪裡？

「公共／公共空間」一直是台北城市裡爭議的主題。市民在都市計畫劃定的公園裡休閒，對可否帶著狗在公園裡遊逛常爭議不休；許許多多建築物周邊透過容積獎勵而設置的開放空間，原意是藉此紓解都市緊密的空間感，提供更多建築物沿街面公共生活的可能，但經常晾在那裡缺乏利用。

法定公園裡的公共生活其實是有所限制的，從場地允許使用型態、內容到申請借用、核准等等，受到政府公權力的規範與監控，公平的制度看似保障了所有人的權利，卻落實了「公共的（空間）等於沒有人的（空間）」嘲諷之語[1]。Zukin（1995）早已討論到消費成為現代城市公共文化中重要的一環，當代的許多身分和社群乃是在中心購物區和郊區量販店中形成，成了現代公共空間的重要典型之一，卻失去了更豐厚的「公共／公共領域」內涵。另一方面，台北市容積獎勵開放空間制度的美意，在實踐層次上打了折扣，一旦取得容積、建築蓋高出售以後，有些加設圍籬二度施工，將其納為建築物所有權人的內部空間，不僅沒有公開給不特定大眾，更遑論透過它們讓公共性與公共生活發生。

在這樣的背景之下，台北市持續有著許多因為議題、理念而集結成的有組織的社群、非政府組織（NGO），他們在拮据的財務中推動各種工作，努力地催生各種公共論壇、公共領域或公共空間。綠色公民行動聯盟自二〇〇九年起每年在貢寮舉辦諾

1 例如崔媽媽基金會策劃之《藝文行動Go！—公寓大廈社區藝文培力手冊》指出：我們也常發現許多社區的公共空間已漸漸成為空有設備卻無人利用的「閒置空間」；其他針對開放空間、法定公園類似的觀察與評論散見於各研究與論文之中。

努客（No Nukes）環境音樂會，專業者都市改革組織前身無殼蝸牛聯盟一九八九年夜宿忠孝東路，成功地營造具有輿論壓力的公共領域；牯嶺街舊書街則透過年度封街以創意市集活動的模式，以文化內涵流動、透過消費創造實質公共生活，策辦活動之事件形成每年短期、暫時性的公共空間。

在台灣，解嚴後可以說是從社區運動進到社區總體營造的階段。社會運動的能量擴大到地方社區（local community）組織在地的社會力量，進行各種面向有助於營造社區感的工作，在空間或環境景觀這一部分，運用公有閒置資源或私人出具同意書的方式，營造一個一個讓社區民眾認同、開放共享的場所，成為具體可見、有助促進社區公共生活的普遍作法之一。

國際趨勢

當台灣為了營造地方社區而努力著、為了公園究竟是否應該開闢遛狗區而爭議，當我們容積所換來的開放空間必須經過二度解放時，國際上卻已然有許多針對公共空間的反省，發展出了許多社群網絡串連的、具有公共領域的行動與公共空間。

鄰近國家日本福岡天神地區有鑑於都市生活的疏離感，以及公開空地POPS（Privately Owned Public Space）（相當於台灣實施綜合設計容積獎勵所設置之開放空間）缺乏有效利用，因此地區協議會推動發起Morning Café計畫，在早上人來人往的期間，於開放空間提供「早安咖啡」或餐點，一方面活用開放空間、增進商務上班族的健康，同時也藉機發展培養關注地區發展的人力資源、促進都市觀光、連結飲食產業，使得POPS變成一個綠色生活空間，吸引上班族在開放空間吃早餐體驗城市空間，創造城市一天當中晨間地景，以事件活動介入空間生產。

除此之外，二〇〇五年舊金山Rebar設計團隊將一處停車格鋪上綠草皮、移來一株大盆栽與長椅，把Parking Space（停車格）轉換為短暫的Park（公園），把車輛所占據的市區公共空間，暫時的變成真正的市民的綠色公共開放空間。自此以後，「PARK（ing）Day」成為介入城市、短期使用、催化都市改變的重要方法。世界各地陸續有許多不同國家、不同城市的社團自發性的響應，形成一個全球性的網絡，選擇每年九月第三個星期五同時發起「PARK（ing）Day」活動，讓更多民眾感受到綠色環境與綠色生活。此一行動並非長期地變更土地使用內容，而是透過時間性的介入，轉換市民對空間的想像，發出另一種生活的心聲。

美國非營利組織PPS（Project for Public Spaces）以規劃、設計和環境教育的方法，致力於協助民眾創造更堅實的社區環境與公共空間。他們以「Place Making」作為主要的訴求，不斷的轉化環境中荒置的開放空間，成為真正表現出服務當地居民共用之需求、當地地方文化的公共空間。PPS認為，Place Making既是一種過程，也是一種看待環境的哲學；正如更早在一九六〇年代珍・雅各（Jane Jacobs）在《偉大城市的誕生與衰亡》（1961）中所探討過，城市應有許多符合人們身體尺度與需求的節點，而非充滿汽車與購物中心的大型空間。

而在歐洲英國，二〇〇九年春天Hugh Fearnley-Whittingstall啟動了「土地分享」（Land Share）的計畫，透過網路平台讓想種東西的人、有土地無力種植或照顧的人，藉由在網站上登錄，讓這兩種人彼此在網路平台媒合搭上線，由雙方商談土地分享、活絡使用空間的細節。有些地主希望有人來一起種植，目的是維護庭園的樣貌；有些退休的老人徵求人來代為照顧庭園；有些地主明白說是免費，有的僅僅是期待耕作者回饋一些新鮮蔬菜即可。這些土地使用的型態與方法並非傳統規劃方法所促成與實

圖9.1
NGO原來就有關注的議題，形成「Network Governence」。
（連振佑攝）

踐，卻增添都市中很多生活綠意、綠地，短期使用，卻有效幫助城市景觀與生活。

一 現代性之外的公共／空間的追尋

一如本文開場所述，都市計畫法定公園通常上演了各種團體的地盤爭奪戰並展現其結果，或是為了保障任何人的權利，卻淪為沒有人的空間，兀自展示視覺景觀；而建築物週邊的開放空間透過都市設計規範成了無遮簷的寬大行人通道，除了穿越型的使用、短暫的交會，其公共性微乎其微，更不用討論被建築物所有權人圍籬圈圍、花台滿佈的偽開放空間。商場裡的群聚其實是共用了私人擁有而提供的商業空間，絕大多數並沒有公共論壇與議題發酵的隙縫。

這些依循都市計畫法、都市設計審議規範、建築商場建築物設計原則所生產的「公共空間」，滿足了現代都市人最低層次的公共生活：群聚、共用，卻鮮少發揮議論、溝通、倡議、聆聽等等公共性的角色，無法成為所謂的公共領域；這些空間只是被共用、分攤了住宅以外的功能，而不是滿足了更進一步形成公共性的功能。

於是民眾多半退縮回到自己個體的生活文化，但也有些人集結起來形成各種社群或NGO，持續培養公共的能量。在各種臨時性的活動、場地租借與虛擬網絡空間中悄悄地企圖實踐更多公共領域與公共空間。潛藏在現代性體制框架以外的公共空間，以此方式不斷地在夾縫中找尋自己的出路。

具體的以荒廢閒置的公、私有房舍或土地為例，早在二〇〇三年甚或更早以前便是許多台北市民眼中想要將其轉化的空間。民眾在各種機會與場合當中爭取認養，透過民意代表介入協商突破既有標準化的使用辦法，自發願意成立志工團隊自力維管、主辦各式多樣化的活動，其實是翻轉現代性法令制度下實質公共空間匱乏蠢蠢欲動的表現，也反映著現代性規劃、公共生活即將出現破口的可能。

解放剛性土地使用想像的新契機

一直到了二〇〇九年，台北市政府為了迎接台北國際花卉博覽會、創造更好看的市容景觀，以容積獎勵做為政策工具，終於以政策計畫揭開、創造了長久以來土地做為「荒廢閒置等待開發」以及「(已)開發為建築物」這兩種使用以外的可能性：鼓勵開闢為非都市計畫法定公園以外的綠地開放空間[2]。

2 此政策計畫為「臺北好好看計畫系列二」，透過建物存記、容積獎勵等方式，鼓勵市民主動申請拆除窳陋之合法建築物、違章建築或雜項工作物等，將基地騰空、綠美化或興建停車場，提升整體景觀視覺效益，以及提供市民休憩場所。同時間臺北市政府推動「臺北好好看系列計畫」共有八項系列行動計畫和二項整合計畫，可參閱「臺北市年鑑２００９」(線上：http://tcgwww.taipei.gov.tw/ct.asp?xItem=1200708&CtNode=34891&mp=100053)

如果城市是一個充滿各種層次公共生活需要的整體與各個小區域，那麼這些荒廢閒置、等待實現資本主義交換價值的土地、房舍，為什麼不拿來更彈性、更靈活的發揮都市公共生活的使用價值？這些呼籲與企求並非如靈光般倏地出現，對現代性（公園、開放空間與商場）的無奈、棄守與妥協早已潛藏在市民的心中，等待著抓住各種情境所激發的新契機。

從這樣的角度才能理解，當二〇〇九年市政府推出以容積獎勵為工具之「台北好好看」計畫系列二，一方面有批評聲浪質疑對價關係不對等，另一方面卻有公民團體借此機會企圖去轉化政策效益，把握歷史中出現的契機，透過公私協力的機制意欲實踐、實驗性的做出期待已久的實質公共空間。唯有如此把空間具體地創生（making），在過程中建立起政策對話的公共領域，終於才有機會出現回頭修正政策，甚至改變政策軌道的可能。整個過程猶如對於現代性公共空間的反思一般，它的實踐策略也是非現代性（規劃理論與程序）的，它不斷地從實踐中找尋出路，從合作與對抗中尋找解答，以行動作為方法，撐開了真正的公共與公共空間。

NGO對議題空間的渴求與公園公共性反思之接軌

台灣自一九八七年解除戒嚴以後，社區運動、社會運動便一直在民間社會出現（曾旭正，2007）。無殼蝸牛運動夜宿忠孝東路形成真實的公共領域，透過短期、暫時的空間占領與表現，形成輿論、改變社會意識。往後拉開的各項運動，則是不斷的透過合法申請、日常生活空間的借用、挪用，於各種空間中倡議各項議題，向民眾發聲、集結更多力量。

近年我們可以看到許多NGO透過創設公共空間營造公共領域的案例。永和社

圖9.2
NGO代表參加「參與式工作坊」，形成對話討論的公共領域。（連振佑攝）

區大學在新店溪畔設置了「永和社大生態教育園區」，初期借用私人土地，具有一定成效後得以透過協商使用公有高灘地，成為生態教育的發聲基地（郭美君，2008）；樸門（permaculture）推廣團體不斷地在都市中找尋可以設立示範點的根據地，希望能夠以具體的空間設計展現人們如何應用自然元素：陽光、土壤、空氣、水，在都市中實踐生態生活與設計（孟磊、江慧儀，2011）；錫瑠基金會推廣「屋頂薄層綠化」不遺餘力，也同樣在大台北地區四處洽談公、私有建築物屋頂，創造一個個示範基地，讓市民朋友可以上屋頂體驗種菜、認識屋頂綠化對於減低熱島效應的好處；綠色行動公民聯盟則是蒐集了許多都市中已有進行城市保水、雨水回收的小小據點，如家戶陽台、庭院、公共廁所等案例，串連起來舉辦「跟著雨水散步去」活動，倡導並教育更多台北市民認識生態都市的深刻內涵。

市民社會在台北市透過這樣一點一滴的努力而累積，NGO對「議題空間」的渴求在現代性框架、法制下不斷尋找機會與創造。在這樣的脈絡中，台北好好看計畫系列二所要催生推動的非法定公園的開放空間，不正是做為各社群議題空間最好的標的？這些空間不受限於法定公園管理辦法，在創意的運作機制之下，恰可以拿來做為NGO議題舞台，透過這些公共空間集結市民、策辦活動、營造公共領域。

於是當台北市都市更新處委託民間單位選擇五個基地做為「台北好好看計畫系列二」示範綠點，受託單位[3]有鑑於過往許多景觀工程，往往目標在於創造出整齊、清潔、美觀的視覺景點，但公園完工後卻經常無法形成更深層的公共性，體認到硬體規劃設計與後續維護管理應該同時考量、設計、形成，因此從提案初始便自發性地向市政府提出結合NGO共同舉辦「參與式規劃設計工作坊」的構想，希望結合NGO對議題空間、實踐公共領域空間的需求，推動打造「羅斯福路綠生活軸線」。

這個操作精神緣起於對法定公園的省思、集結了過去NGO市民團體對於公共空間需求的渴望的案例，開啟了善用由「公」所釋放的資源，讓「共」領域NGO市民組織得以參與、合作，進一步利用「私」有土地來創生開放空間的實踐，宛如恩田守雄（2008，p.26）所稱的「〔公共〕領域」真正在台灣上演。

營造社群、網絡串連，形塑公共領域

設計過程起始，該案便舉辦各式「參與式工作坊」，邀請社區居民、NGO代表們圍坐在大桌子旁，桌上擺著羅斯福路沿線大張輸出地形圖，並請參與者在便利貼上書寫構想與願景，提出基地設計內容、後續維護管理辦法；與會者彼此聆聽、交換意見，不僅共同形成每個基地規劃設計方案的共識，也形成了具體而微的公共領域。（圖9.1、9.2）

一如前文所述，NGO組織認為創設「議題公共空間」是一個好的機會，因此每個NGO組織都能以各自關懷的主題投入參與規劃設計，提出對於能增加城市與社區主題性開放空間的構想。例如綠色行動公民聯盟因關懷生態環境，在觀察現場基地條件與評估後，提出以基地鄰房屋頂作為大面積集水面，於開放空間內設置雨水回收裝置，如此該空間便能於完工後結合組織內部既定的生態導覽活動，辦理倡議關懷環境的「跟著雨水散步去」活動，使得這塊基地同時兼具社區休閒與戶外教室的功能，

3 受託單位為經典工程顧問有限公司，作者本身參與該委託案擔任計畫共同主持人。另一位主持人為劉柏宏先生（現任中華民國景觀學會理事長），參與該案的夥伴主要另有謝易伶、施佩吟、張家齊等人。本文觀點亦受獲於工作期間所有夥伴的幫助，一併在此致謝。

圖9.3
城市中的活動事件經常是最精彩的公共空間，「舊料回收再利用」凝聚了社群。（張立本攝）

不致淪為視覺性或再次低度利用的荒置空間，持續捲動、串連都市中關注生態保水議題的社群，成為真正的公共空間。

這樣的參與式設計行動區隔了傳統設計師黑箱作業所生產的視覺性景觀空間，避免與周邊居民生活脫節，所創造的不只是社區裡的硬體營造結果，而是一個能夠同步營造社群、由社群的擾動建立社區識別度、營造社區認同感的一連串過程與發酵。

▼接力傳瓦集結串連潛在社群營造社區

「百人接力傳瓦情」是整個綠生活軸線營造過程其中一個呈現社群能量、營造出公共領域空間的事件，爆發並讓人看見平日潛藏在城市中不同角落裡的力量。

由於五處綠點空間的營造係以拆除窳陋建築物為前提，對於關注環保生態的NGO與市民朋友而言，如何使得廢棄物減少到最低，也成為營造過程中重要的考量。因此在各個NGO集思廣益的過程中，以台灣創意生活美學促進會夥伴為主提出了「舊料回收再利用」的構想，建議舉辦「百人接力傳瓦」活動，廣邀台北市民一起將舊屋上的屋瓦傳遞暫放到軸線上其中一處基地的角落，等待新的開放空間硬體施工期間能夠取出再利用。

活動當天週邊各個里內社區志工踴躍相偕出席、學校師生組隊參加，關心「零廢棄」、節能減碳的個人也踴躍投入，短短約五百公尺排滿了超過五百人，參與的民眾興奮地向主辦單位詢問：「甚麼時候要把瓦片取出再利用呢？我們還要回來傳一次瓦片！太有意義了。」熱情的反應證明了正確的議題可以凝聚潛在的社群、創造事件性的公共空間。（圖9.3）

▼雨水花園串起社群散步路徑

設置一處以蒐集雨水為主題的議題花園在參與式工作坊期間就被綠色公民行動聯盟代表所提出。該NGO平日即倡議城市中應該廣設透水鋪面、雨水暫留的空間；面對開發稠密的台北都會，屋頂、陽台以及閒置的公私有土地都可以是增加城市保水面積可能的潛在基地。過去已有許多台北市民主動在自己的陽台上設置雨水回收裝置，或是零零星星推動屋頂綠化儲留部分雨水，如果能夠系統性地、廣泛地應用都市中短期不開發的建築基地，便能夠更迅速有效地提高雨水儲留的面積與功能。（圖9.4）

羅斯福路綠生活軸線上這個綠點利用十五個回收鐵桶搭建一個金字塔，以連通管的原理儲留雨水，滿水可蒐三噸雨水，提供這個花園內部使用，並成為週邊國中小、幼稚園戶外教育基地。舉辦戶外教學的幼稚園、國小老師都指出：「這樣真實出現、兼具美觀與教育功能的場所，對學生的學習最有印象、最有幫助。」

▼閱讀花園驚艷小眾社群

閱讀花園位在由溫州街、羅斯福路及汀洲路交織通過被稱為「溫羅汀」的街區內，區域內有許多獨立書店，這些書店老闆們籌組了軟性組織「溫羅汀獨立書店聯盟」不定期聚會，透過聯盟網絡，每個書店老闆不僅經營各自獨立小書店，並且通過合縱連橫創造了這整個地區的文化地景，豐富當地文化內涵與風貌。

溫羅汀獨立書店聯盟參加參與式規劃設計工作坊時建議，將新設的綠點開放空間作為獨立書店聯盟舉辦針對各小眾社群各種有關閱讀主題的另類活動場所，取代大家最容易聯想到設置一處曬書、賣書廣場另類商業公用空間的直覺構想。

花園落成以後，各家書店安排輪流舉辦「星光夜讀」活動，晶晶書庫在此播放《T婆工廠》紀錄片，由導演跟觀眾直接在花園中探討同志議題；台灣下店邀請原住民作家撒可努談人與土地的關係，妙語如珠在周五夜晚吸引許多路人駐足聆聽；唐山書店邀請黑手拿卡西演唱關懷弱勢歌曲、女書店請來女詩人唱詩、書林書店邀請戲劇系師生在這裡讀契可夫劇本；每一次的活動都讓各自小眾社群留連忘返，他們經常說：「有這樣大馬路邊溫馨的小據點很棒，比正式的空間如中正紀念堂前廣場或書店裡的藝文空間還更有氛圍」，著實喜愛台北城市中出現如此溫馨動人的公共空間。

▼以開心農園形成都市農耕社群

近來都市農耕、農學都會議題在全球各大都市都是重要的議題，透過在城市中各角落種菜，可以降低食物里程、為地球節能減碳盡一份心力。法定都市計畫公園、人行道上的綠地空間，依法卻無法成為台北市民認養種菜的空間。因此在綠生活軸線設計階段，居民便發聲期盼能在這樣短期、暫時性、彈性使用的建築基地上，創造提供一處可以讓附近居民種菜的公共空間。

開心農園落成以後，許多市民紛紛踴躍登記認養鑰匙孔菜圃裡的菜畦。種菜的阿嬤說：「我知道這是私人的土地呀，但是現在可以種就種，我一天來回好幾次，對我身體很好，當作在運動；人家如果要收回去，這是人家的地，到時候再給他收回去。沒關係啦！這是在種興趣的，種健康的。」完全呈現出都市中土地作為暫時性、短期性公共使用的真諦。

另一方面，傍晚時分這些認養人們紛紛來到開心農園，他們或是分享種菜經，或是聊聊生活中的茶米油鹽；有些人因為這個菜園彼此成為好朋友，有些人還會呼朋引伴來這裡看看羅斯福路旁台北市特有的菜園景致。「隔壁的林先生最近出國去了，都嘛是我在幫他澆水」，若能在菜園旁的椅子上坐上一刻鐘細細觀察聆聽，會發現這裡除了一幕幕節能減碳綠生活真實上演，更還有許多動人的人與人相互關懷互動的故事。

▼不插電麵包窯在個體消費模式之外形成社區

城市裡許多的公共建設都採取了現代標準施工方法，將整塊基地視為一塊潔淨的素地，一旦設計發包的施工圖在冷氣房審查通過以後，現場的花、草、樹木及其他各種材料便淪為挖土機下的亡魂，直到運來一批一批全新的營造材料，重新占據了土地與城市角落。

有鑑於此，羅斯福路綠生活軸線上另一處基地，特別依據樸門農藝設計手法，以大自然中的陽光、空氣、土壤、水，應用基地現場的條件與材料，加上社區居民共同參與，打造了一個不用插電就可以烤麵包、披薩的土窯。透過這個位在開放空間上土窯之使用，吸引了許多周邊社區居

民一起認識樸門、認識如何利用大自然元素，使得我們體認到生活周邊原來就有許多可用的資源。

當這個麵包窯升起了炊煙，社區的阿嬤無私地煮紅茶分送配麵包，幼稚園帶著小朋友來戶外教學，每個人咀嚼著自己搓揉麵糰、烘烤而成的麵包，無一不露出喜悅滿足的神情。這些人在當代個體消費模式所形成的商場之外，意外地串連起來成為一個有生活感的社區，重新感受到公共生活。

▼綠點野餐讀書會——與政策對話

「台北好好看計畫系列二」政策本身表現了「城市美化運動」的精神，加上高比例容積獎勵，使得有些市民團體認為地主獲得太多的交換利益。然而透過實際生產出可見的空間，有機會讓市民從論述雲端走入空間體驗，以身體、故事來瞭解城市是否需要短期的、過渡性質的開放空間。為了達成這樣的檢驗與探討，一群研究人員在系列二的綠點上舉辦「誰來野餐讀書工作坊」，於羅斯福路綠生活軸線以外短期綠地上進行研讀討論會，把綠點公共化，透過實際使用來體驗不同社區裡應該可以植入怎樣的短期綠地。

「誰來野餐讀書工作坊」針對日本私有土地可以透過信託制度提供公眾更多市民綠地與小小森林的制度、美國西雅圖補助地方居民設置P-Patch社區園圃、英國長期以來發展環境信託的方法及其理念等等，邀請社會上不同的角色代表與談，包括媒體從業人員、都市更新開發公司經理、都市更新學會執行長、推動環境信託的NGO主任等等，彼此聆聽不同實務工作的經驗，相互學習與交流，讓這些綠點在研讀會的當下成為名符其實的公共空間。與民間輿論所提出的「假公園」意義爭奪相較起來，

圖9.4
臨時性使用的短期綠地「雨水花園」創造了城市保水議題實踐的基地，從此處紮根、擴散與蔓延。（侯志仁攝）

「誰來野餐讀書工作坊」以真正的使用來驗證這些非法定公園的都市土地「使用價值」應該如何被重新定義、實踐。

一 撐開縫隙、期能開枝展葉

▼種子萌芽出土

這幾處城市中的開放空間，不僅是創意的、多樣化的、新的都市景觀，比起現代化框架所設置的法定公園或建築物容積獎勵開放空間，這裡出現更多的社區生活、公共活動以及公共輿論，當現代都市生活型態使得原來具公共性目標的空間退化為共用空間，當個體的消費集結於私人提供的商場建構了當代的公共空間式樣，我們從羅斯福路綠生活軸線中看見公共領域的種子從隙縫中萌芽、出土，社群的議題在此發酵，社群網絡以此為節點集結並擴散，更積極的公共領域得以在城市中形成，那些在制式與長期存在的法定公共空間中所佚失的公共性，透過短期、彈性並由下而上參與式的規劃設計中營造出來，透露了真正民主、政治的協議制度的可能性。

▼惡地裡的花蕊

由於參與台北好好看計畫系列二的地主未來開發時將

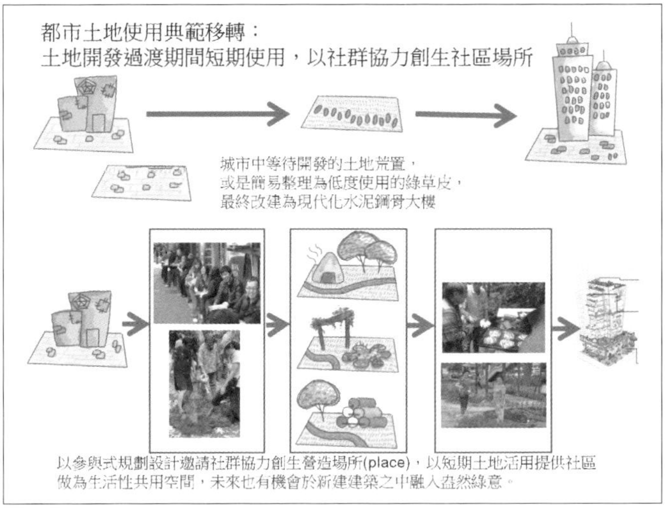
都市土地使用典範移轉：
土地開發過渡期間短期使用，以社群協力創生社區場所
城市中等待開發的土地荒置，
或是簡易整理為低度使用的綠草皮，
最終改建為現代化水泥鋼骨大樓
以參與式規劃設計邀請社群協力創生營造場所(place)，以短期土地活用提供社區
做為生活性共用空間，未來也有機會於新建建築之中融入盎然綠意。

圖9.5
有別於現代性規劃設計方法，每個階段的參與創造實踐了公共性。
（經典工程顧問公司提供）

可以獲得最高百分之十容積獎勵，因此有市民團體批判此一政策計畫提供地主太高的對價關係，致使整個政策在媒體上成為負面印象的標靶。然而，誠如本文前述，台北市需要一個反思現代性框架下公共空間的轉機，需要重新思考土地僵固二元利用（開發或荒置）的困境；羅斯福路綠生活軸線五處綠點公共空間的營造，猶如惡地裡的花蕊，透過實踐打開了更深層的理念論述，實際上把公助領域與公共領域拉攏在一起，這類嘗試與概念有待如花粉被傳播、隨風飄散，在另一處更好的土壤上繼續萌芽、開花，結更好的果。

真正的民主與政治乃是存在於日常生活中，而不是凌駕生活而兀自獨立存在的異形，公共領域與公共空間亦然。世界各國針對公共空間、社區營造與場所創生（Place Making）的發展趨勢都是傾向「協議制度」，是一種體現市民參與、決策與行動的制度，一如羅斯福路綠生活軸線的經驗，從參與式規劃設計、ＮＧＯ經營管理、台北好好看計畫系列二政策檢視對話、綠點空間的使用及活動舉辦，都是讓公共空間、公共領域融入日常生活之中，把政策與營造都置入「協議」的氛圍與場域當中。（圖9.5）

▼挑戰與展望

羅斯福路案例開展了公共領域與公共空間，但受限於台北市民、市民團體仍然比較偏重於「公助」領域的監督與要求，習慣性地期盼一個有為的政府與政策，致使這次的經驗並未能迅速帶動浪潮；可見得十多年來透過推行「民眾參與」而要將「公助」（政府政策計畫）與「共助」（民間社群網絡）所交疊而成的公共領域極大化的努力，仍然還是在緩慢的長成之中。

一九九〇年代起全球公民社會（global civil society）被提起討論，二十多年來各種全球性的議題透過世界各地NGO串連、行動改變了各國政府的相關施政計畫，嘗試並實踐了網絡治理（network governance）的可能性；回顧羅斯福路綠生活軸線案例，網絡治理的潛力在民間社會的這一端是醞釀著的，各種社群與NGO都能夠自主地開創形成公共領域與公共空間，這對於一直固守傳統現代性規劃理論的專業者與政府將是很大的啟發，新的都市治理模糊了都市規劃、都市設計、都市計畫等等分門別類的專業，一種公、私協議，社群之間協議自發性的、自由的公共空間必有一天成為解決我們眼下難解課題的處方，有待公領域亦同時改變政府機器的運作方式。且讓我們帶著行動與經驗繼續一起摸索前進。

參考書目

孟磊、江慧儀，2011，《向大自然學設計：樸門 Permaculture，啟發綠生活的無限可能》，台北市：新自然主義出版。

恩田守雄，2008，《共助の地域づくり：「公共社会学」の視点》，東京都：学文社。

張偉瑜、張艾玲、黃小黛，2007，《藝文行動go！公寓大廈－社區藝文培力手冊》，台北市：台北市文化局。

連振佑，2012，〈從容獎到分享：台北市公共開放空間的創生與都市再生〉，刊於《二〇一二景觀論壇都市再生的景觀機制學術研討會論文集》，新北市：中華民國景觀學會。

連振佑、張家齊、施佩吟，2010，《跟著瓦片去散步：羅斯福路綠生活軸線》，台北市：台北市都市更新處。

連振佑、劉柏宏、施佩吟、謝易伶，2011，〈小区、社群参与规划设计绿点：台北市罗斯福路绿生活轴线〉刊於《中国园林》二〇一一年12月號。

郭美君，2008，《都市河岸空間之活化：永和社區大學生態教育園區經驗》，台灣大學建築與城鄉研究所碩士論文。

陳盈秀，2012，《城市在漂綠：從「台北好好看系列二」政策看當代都市自然的社會建構》，台灣大學地理環境資源學研究所碩士論文。

曾旭正，2007，《台灣的社區營造》，台北：遠足文化。

溫怡伶、台北市都市更新處，2010，《臺北幸福圖誌》，臺北市：臺北市都市更新處。

台北市都市更新處，2010，《綠動坊新：二〇一〇「台北好好看系列二」綠化成果專刊》，台北市：台北市都市更新處。

Lien, C.-Y. (2010) Design both Landscape and Managing Programs: A Case Study of Creating Sustainable Landscape with Local People and NGOs in Taipei, in The 7th International Conference of the Pacific Rim Community Design Network. (淡路島, Japan), 2010.9.12

Lien, C.-Y. (2012) The Changing Meaning of Public Space: Emergence of Temporary Land Use for Community Gardens in Taipei City, in The 8th International Conference of the Pacific Rim Community Design Network. (Seoul, Korea) 2012.8.23

Jane Jacobs著　吳鄭重譯注，2007，《偉大城市的誕生與衰亡：美國都市街道生活的啟發》，台北市：聯經。

Zukin, S. (1995) *The Cultures of Cities*. Oxford: Blackwell.

10

是！一個人就可以渲染城市的綠色行動

大猩猩游擊隊——文

教戰守則

- 單調角落多留意。
- 厚土栽培法要熟記。
- 帶著菜苗不要懷疑馬上游擊。

YES! IT ONLY TAKES A PERSON TO CHANGE THE CITY

二〇一二年台北中正創意園區暨垂直村落後，舉辦了「人民的城市——謝英俊的建築展」，策展主題主要述說謝英俊如何透過建築的人工地盤主系統與開放式輕鋼架營建的次系統，將住宅參與賦權給人民。謝老師的建築展除了展現出簡易組件即能築起住屋的創新思維外，更深層的傳達冰冷的建築背後，其實是透過溫暖的雙手逐一建造而成，建築不僅是建築，實際是「家屋」。他深入到一些遭受地震、颱風、洪水侵襲的災區，協助災民們打造自己的屋舍，讓蓋房子不再只專於建築師或營造商，讓災民一同用自己的雙手造屋，並且喚醒它們堅強的內心，重拾一個被摧毀的家園。更應證了一句平凡無奇的話語「只要有心，一切都不難！」只要有心，一般的老百姓也可以親手打造自己的家屋。

有一群年輕人也有此種精神，一直認為「只要有心，一個人也可以改變世界！」這群青年一直以來非常關心都市環境當中的問題，總覺得靠著自己的雙手，小小的力量一定可以實踐，並且改變周邊的環境。他們是一群青年社區規劃師的培力學員，在聽了一場關於國外「游擊園圃（Guerrilla Gardening）」的演講後，深受啟發，憑藉著熱情與行動力，透過第一次的游擊行動，在台大校園的草皮上阡插地瓜葉及香草植物，以此種「游擊式」的種植方式介入空間的形式，藉此喚醒大眾們對於都市公共空間、閒置空間的反思，以及可食地景形塑的可能，因此「大猩猩綠色游擊隊」便在這樣簡單的情況下誕生了。

大猩猩游擊隊的命名由來，其實是因為英文「Guerrilla」與大猩猩的英文「Gorilla」讀音十分相近，同時我們取用「大猩猩」的動物意象，除了用以表現衝擊社會的原始力量，也藉由動物象徵我們與自然密不可分的關係。名稱中所謂的「游擊」其實指的是「游擊園圃」，是一種未經許可而在公共場所進行園藝種植行為，我們希望藉由行動，喚醒大眾對於公共空間的忽視以及土地使用權的問題，重新檢視我們的公共土地及空間。

更進一步地說，大猩猩綠色游擊隊關切的是人們形塑公共空間的權力、可食地景取代視覺地景的可能，以及社區營造與前述兩者的關係——既有社區營造行動對兩者的實踐、社區營造如何協助兩者的實現。透過游擊園藝的綠色行動，顛覆過去的實踐方式，試圖將上述三者進行串聯。

從一口菜談起、可食地景、閒置用地到都市公共空間

大猩猩們一開始是從餐桌上聊起，從所吃進肚裡頭的菜開始進行反思，我們認為「以石化能源為基礎的糧食輸送鏈」、「以化學分子為基礎的工業化農業」、「以斷絕生產者與消費者之間關係的超大型賣場為基礎的產銷模式」，是使得人與土地、自然越走越遠的主要原因之一。

為了瞭解現在有關食物與農業現況，我們透過實地查訪，想針對現況問題發展解決之道。我們從製作小農地圖、傳統市集菜源調查開始。在調查過程中，我們觀察到都市空間的畸零地的使用狀況，有些畸零空間以及河灘地都有種植行為，有些畸零地卻成為漠視的閒置用地。因此，也浮現出土地所有權以及使用權的議題，到底這些土地是誰的？又是誰可以來使用呢？

大猩猩讀書會時討論到Richard Reynold在Guerrilla Gardening中提及所謂「游擊園丁有主要的兩個敵人，這敵人不是人類或是組織而是兩種景觀狀態：缺乏（scarcity）與忽視（neglect）」。因此，我們決定以游擊方式，喚起人們對於土地使用的認知及其自主權，著手改善都市的閒置空間，同時也藉此傳達都市農業的概念。我們也開

始衍生更多創新的「游擊行動」，製造更多吸引民眾目光的機會。我們開始在都市各個角落進行未經與所有者洽談的種植行為，或是在腳踏車菜籃種菜、在馬路上演行動劇，希望讓更多人瞭解都市空間利用的多元可能，並開啟民眾的討論。我們積極的將關注與批判轉化為實際的行動，在有形與無形的公共領域中激起討論與思辨，嘗試與各種場域中的價值觀念對話：**我們游擊的對象是土地與人心**。我們的目標是希望拓展都市中可耕地的面積，並試圖理解人與土地、種植的關係，以及公有地在都市空間所扮演的角色。

將公共空間、可食地景與社區營造結合的大猩猩

二〇一〇年，台北城因花博（國際花卉博覽會）而沸騰，一百二十三億全民買單的活動支出，引起了相當多市民團體的關注與討論。接著，市民和城市生物們也發現，自己長年居住、生活的空間也開始變化——街角的自然演替地（plot）突然之間被一片平整的人工草皮替代、隔壁社區的都更爭議還在延燒卻突然出現一片綠地、巷口公家的日式宿舍突然之間被拆掉並在原地鋪種「只能（在人行道上）遠觀」的花草，而這些變化都與花博有關，台北市政府藉著舉辦花博的機會，推出「台北好好看」政策，協助包括都市更新、去除在規劃官僚眼中窳陋或雜亂的角落等工作的進行，試圖加速都市面貌的變化。

在這個背景下，我們開始討論公共空間如何可能由人民參與塑造，在幾次效法國外游擊園圃的概念與行動實例後，大猩猩綠色游擊隊持續透過「游擊」的方式，帶著蔬菜、花草、樹木的幼苗和種子，進行一次次暫時占領公共綠地的行動，以及透過社區營造的方式，與在地社區組織合作認養、管理公有地，創造社區共同使用的園圃。

這些游擊行動背後的目標，都是希望從改變公共空間的樣貌開始做起，除了讓市民對公共空間進行反思外，讓更多市民發現：我們每個人都有規劃、形塑我們生活環境的能力與權利，規劃與形塑都市空間的權力不該也不能只掌握在政府官僚和資本家手中，讓更多社區的力量介入其中。

在此同時，我們注意到我們身邊一直都存在市民主動形塑空間的行動成果，路邊畸零地、公園邊緣不起眼角落、尚未開發的暫時性空地上的菜園，都向我們顯現出人們在都市空間中的活力。這些都市「穴點」[1]，某程度上正是列斐伏爾所指出的「再現空間（representational spaces）」（Lefebvre, 1991），也是被居民和使用者生活出來（lived）的空間，展現出偏移或抵抗的可能性。面對現在無所不在的國家規劃官僚的空間支配權力，這種偏移或抵抗的可能性，正是大猩猩試圖創造的。

大猩猩對空間形塑的關注，在精神上與台灣在一九九〇年代推動的參與式規劃有些相似之處[2]，都強調要「將民眾帶回空間」，但相較於參與式規劃主要由專業者發動，大猩猩所強調的是，常民、民眾自己就能夠發動空間形塑的過程，自己就能動手改造空間。大猩猩用「作公有地的主人」來表示我們對取回形塑公共空間權力的想法，透過自力打造市民公共空間，除了讓人們發現自己的能力與知識，也挑戰了規劃權力由官僚獨掌的觀點。

社區園圃在台北

由於空間的改造必然具有外部性，因此以民眾自主營造的可食地景取代正式規劃建制的觀看、視覺空間，需要經過社區營造或社群培力（empower）的過程加以組織動員，這也能夠促使自力打造的空間能夠存續。因此大猩猩除了進行——像拿著逗貓棒搔弄人們的——游擊，也同時和在地的社區組織合作，試圖透過體制內雖然極為有限且時開時關的管道，認養、改造國有地，或參與暫時性可食綠地打造的計畫。

與在地社區組織的合作，同時回應了我們的另一個關切——社區營造和可食地景以及公共空間的關係。社區營造在台灣始於一九九四年文建會提出「社區總體營造」政策，而台北市政府也開始推動地區環境改造計畫，然而近年來我們發現，社造政策執行至今，往往忽略社區自主的力量，也並未具體回應各社區的狀況，使得原本目的在於「造人」的社區營造未能捲動、激起社區的力量，反而流於形式。

「小野地」計畫就是這樣的關切下誕生的。溫州街社區發展協會在二〇一〇年底，抓到因花博而打開的國有地認養機會，認養了一塊社區內的國有地，這塊國有地原先是水利署的日式宿舍，房子在幾年前便被拆除、整塊地被圍牆封起。社區中有居民一直希望在家附近種些花草、蔬菜且苦找不到地可種，因此我們在社區發展協會認養了這塊地後，開始與他們進行一系列打造社區園圃的行動，包括環境整理與規劃、小型園圃的認養與闢設（開放給有種植意願的社區住戶來經營自己的小園圃）。

在小野地上種花種菜的綠手指們，有多年種菜經驗的阿嬤、獨愛種植百合苗的先生、想要營造一個香草園的媽媽、也有想要種植辣椒的型男中醫師。另外，熱心的街貓照護志工也會固定來小野地餵養街貓、關心小野地上發生的各式各樣事情。曾經被圍封了十幾年的空地，漸漸地開始有了生氣，與這座城市裡的其他公有土地相比，小

1 芬蘭建築師 Marco Casagrande語。

2 參與式規劃（participatory planning）有多種方式，由空間專業者透過圖繪、拼貼、空間遊戲等活動，帶領民眾討論與設計社區公共空間，或對使用者進行（結構式或半結構式）訪談及參與觀察，理解空間使用者的需求。

野地有著很不一樣的際遇與可能性，我們也期待小野地能成為社區居民所認同的生活場域，逐步實現那些浪漫但務實的園圃想像（圖10.1、10.2）。

啟動台北游擊作戰計畫——抵抗十八個月的假公園，做公有地的主人

台北市配合花博推出「台北好好看系列二」的美化市容政策，鼓勵建商在這些窳陋空間進行綠美化的作為，藉此獎勵容積，未來這些土地將長出比原先都市計畫所規定的容積還要高的高樓大廈。相關的施政措施被許多人士批評，如同官商勾結般的交易行為，而因為這些施政，長出來的綠地，實際生命僅有十八個月，十八個月後，它們即將成為水泥叢林，也因而被視為「假公園」。

我們實地探勘羅斯福路綠點，發現了幾個令人匪夷所思的地方，這些所謂的公共空間土地，應是鼓勵民眾前往，提供民眾休憩的空間場所，然而有些土地，卻在靠近人行道的旁邊，種植起樹籬，更以水泥台階將人行道完全區隔，似乎有意隔離民眾接近。像是位在羅斯福路二六〇號，雜誌瘋店面旁的單調草坪，經過些許時間的觀察後，我們發現許多逛街的人們會沿著小台階席地坐下，因此這些樹籬也漸漸地被民眾踏開成一個新的入口，這也顯示著，綠地與都市人之間

圖10.1
小野地原貌。（大猩猩攝）

圖10.2
改變後的小野地。(大猩猩攝)

的關係，我們仍是渴望著使用這些綠地空間，並不僅止於視覺享受而已。故大猩猩們決定要讓大家看到這些奇怪的「假公園」，激起一些公共空間的反思浪潮，在集思廣益後，我們決定透過兩種行動方式，試圖引導民眾重視這些問題。一種方式是來一場不一樣的游擊戰！透過一些植物的種植行動，讓這些因官方政策形成的公共空間改頭換面，喚醒人們對於公共空間的想法。另一種方式，則是透過「行動劇場」，演出一場小短劇，簡單扼要的闡述假公園的故事。

▼台北好好看綠地游擊

大猩猩們開始著手規劃這塊空間，設計出三塊區域，分別是「便當菜園」、「鳳仙輪流轉」與「桑心酒店」。在路緣石旁的灌木群自然被踏開的小缺口上移植幾株灌木，補上缺口。以大石頭標誌出入口，設置「做公有地的主人，不只是想像！」的牌子，入口形象的塑造，不僅破除原有草地的封閉性，亦能保護其他灌木，避免被踐踏的機率，同時也希望這塊公有地變成讓人親近，人們可自在進出的空間環境，而不只是駐足旁觀。

「便當菜園」、「鳳仙輪流轉」與「桑心酒店」這三處的空間，大猩猩們透過不同的耕種方式，傳達可食地景、景觀美化、休憩駐足的空間使用概念，啟發一般民眾對於公共空間的使用型態，除了視覺美化外，亦有生產使用的可能。

大猩猩在便當菜園游擊空間裡，使用樸門的「厚土種植法」，運用生廚餘供給作物養分，模仿自然而無汙染的種植。「便當」的意義，則是希望在這都市旁的空間上，耕種蔬菜，傳達「食物里程」的概念，希望這些菜苗長大後，可以就近採收，成為萵苣玉米沙拉、辣炒茄子、川燙葉菜、南瓜湯，一日便當的菜色。挺立的玉米、青翠的萵苣、鮮紅的朝天椒、有著藤蔓的南瓜，讓這塊菜圃富有高低層次，成為具有美觀功能的都會農耕地景。另外，大猩猩們廢物利用，撿了一些廢棄的輪胎，將其彩繪後並堆疊成簡單的花台，在上方種植彩色的鳳仙，以活潑的顏色增添這塊草地的風采，創造「鳳仙輪流轉」，不僅增加草地的豐富性，還用行動傳達廢物利用的永續環保概念，希望讓這塊空間能讓人們使用，讓空間的生命轉動延續！帶有諧音趣味的「桑心酒店」，是由一棵桑樹苗和數棵包圍在外的鳳仙花構成，我們期許這棵小樹能成為大樹，變成這裡的地標，未來的我們要在樹蔭下乘涼！（圖10.3、10.4）

▼快閃行動劇

思考著「台北好好看系列二」容積獎勵創造出短暫的假公園，大猩猩們希望讓大家思考著如何產生公共空間的議題：難道只有直線性的方式（由政府施政而產生的公共空間），才能創造出一般大眾想要的公共空間嗎？這種短命的公園，後續的發展為何呢？為了讓一般民眾能瞭解，並且藉此喚起對公共空間的反思浪潮，大猩猩們除了進行種子游擊戰的方式外，另選擇在秒數長的斑馬線上，以快閃行動劇的方式簡明呈現「台北好好看系列二」的故事。

這個快閃行動劇引起了許多人的注意，結束後還有人為我們拍手，同時也得到了一些民眾的回應，甚至還有一位英國人，說出一些感想。我們傳達訊息外，也成功的點燃起一般民眾反思公共空間的小火花！演完快閃行動劇後，我們將演出錄成小短片，上傳到網路上，希望讓更多民眾知道，點燃更多火花！（圖10.5）

改變單調角落

大猩猩們環顧都市空間，發現有許多地方都沒有什麼生氣，街道巷弄的畸零地、自家廢棄的花台、窗台，總覺得整個都市似乎死氣沉沉，為了要實踐可食地景的樣貌，我們四處找尋許多小所在，除了組成自行車隊游擊一下，看到街上單調的小角落，即刻停車下來，種種小植栽，增添都市活力。在走訪巷弄的過程中，發現了想學種花種草、卻不知從何下手的「咖哩先生」店家，我們協助他種植，整治店旁環境，改善整體的視覺樣貌。除此之外，我們逆向思考，希望這些充滿可食作物的地方，不要只出現在靜態的空間當中，讓他可以跟著我們走，於是選定最多人騎腳踏車的台大校園，

上｜圖10.3
鳳仙輪流轉。（大猩猩攝）

右｜圖10.4
厚土栽培法：厚紙板的舖設為厚土種植的一部分，目的是要隔絕下方生廚餘發酵所產生的熱。（大猩猩攝）

圖10.5
台北市基隆路與羅斯福路口的快閃行動劇。(大猩猩攝)

號召學生們一起將小植物種在腳踏車菜籃上，讓可食地景不僅出現在都市環境中，更可以自由地走動！

▼ 腳踏車車隊

大猩猩們組成了腳踏車隊，還啟用了大猩猩牌三輪車，放上植材、作物、土壤、益生菌，從巷弄出發，開始進行繞境行動，準備讓都市的單調角落增添氣息！（圖10.6）透過繞境行動，我們發現許多奇怪的空間現象，除了游擊外，也進行空間的反思。我們觀察到一座整齊的鄰里公園為了防止狗狗進入大小便，乾脆設置欄杆把草坪圍起來禁止狗狗進入，這真是奇怪的現象！於是，我們決定給大家一個驚喜，在此種植生長快速的玉米，等玉米長大後，大家就會注意到這個欄杆的特殊性了！

我們持續在各個單調小角落種植小作物，留下「請幫我澆水」的大猩猩名片，希望藉此讓看到的民眾主動幫忙澆水，也透過這樣的互助，讓它們發現環境因小動作而改變的可能，透過這樣的關係，傳達永續環境，也傳達了社區小力量大改變的概念！

▼ 咖哩先生

偶然機會下，與咖哩先生店家的老闆聊天，他無奈地跟我們說，他以前種過幾次薄荷，因為烹調泰式料理需要香料配料，而每個人告訴他的種法都不一樣，但不管怎麼種薄荷都會死掉。於是我們也延伸游擊的方式，不只有獨立行動，還試圖走入社區，宣導耕種的好處，並且傳授他們有機的「厚土種植法」。當初遇到老闆的時候，因為沒有現成材料，只有口頭上說明。後來我們觀察店家周邊的環境，發現窗台非常的單調，於是我們決定給這位善良又親切的老闆一個驚喜，準備一大清早，游擊店家的窗台。

我們五隻大猩猩在附近的小野地用多層次的厚土種植法，混植各式香草、蔬菜（九層塔＋百里香、迷迭香＋薄荷、紫蘇、萵苣）於八個半壁盆，趁一大早老闆還在睡覺的時候，在灰撲撲的鐵窗掛上充滿綠意的小小菜園，店面彷彿活了過來。老闆後來還向我們請教該如何照顧這些植物，並分享了九層塔給鄰居，事後，他還表示想買檸檬回來種植。從這些游擊的過程，我們觀察到，游擊不只讓環境有了生氣，還讓大家體驗到都市農耕的樂趣，讓民眾吃得健康，食物產生的碳足跡也更少了，甚至因此活絡了社區的氛圍。

▼腳踏車菜籃：行動開心農場

游擊都市空間不足以滿足我們，我們試圖游擊更多人心，並且改良游擊的方式，逆向思考，創造出隨手可得的行動開心農場。大猩猩們決定在台大校園內，向路過的學生們宣傳我們的想法，開心農場不僅能出現在地上，還可以在腳踏車上喔！教導學生有機的厚土種植法，一邊用豆渣當基底肥，一邊宣導有機與永續的生活概念，只要有心，處處都可以綠意盎然！沒想到，竟然廣受好評！吸引許多學生ＤＩＹ，將盆栽放在菜籃上，還有不少來校園散步的媽媽帶著小朋友操作，我們這些小小的舉動，讓台大校園變得不一樣了！（圖10.7）

抵抗官方建置／規劃的綠地：總圖、南港甜甜圈

南港甜甜圈是大猩猩的第一個游擊計畫，我們嘗試用友善土地的方式，即厚土種植法完成種植。「南港甜甜圈」位於南港捷運站附近的山坡地上，這是一塊被市府與

里長為了配合花博而「洗禮」過的一塊國有地。里長伯當初為了清理環境，求好心切，把一名農民在這土地上自行種植的菜圃強制清除，要求市府換上「公園的景觀」，因而形塑出一個趣味的地景：公有地界內死氣沉沉小花博 vs. 隔壁私有地上的生機盎然小菜博。

若認為問題出在公有地和私有地的差別，那就錯了，從前面小野地的例子中我們可以發現，公有地也能夠是生氣昂揚的生活空間，事實上關鍵在於「過程」——土地的使用規劃如何納入人們的參與、如何與人們的生活鑲嵌。市府和里長帶來的公園景觀，不但未適地種植，也將這塊地剝離出當地人們的生活，官方建制或規劃的綠地，重視視覺景觀，卻反而打造出諷刺的對比景象。

重視視覺經驗的官方規劃，為了維持景觀的「美好」，往往必須耗費相當多的資源，例如為了創造出草坪，必須量產平整的草皮，同時也在選擇性地生產特定草種時，犧牲了生物多樣性，而為了在草皮敷植至土地後仍維持整齊、常綠的樣貌，必須定期修整，甚至依季節更換種植草種或植栽。為了達到視覺的景觀效果花費、犧牲資源，不斷循環進行的這些工作，在部分大猩猩成員日日生活的校園中可以很容易地發現，因此我們也在校園內進行過游擊計畫。

去年夏天，我們在學校裡選定的游擊地點是在所有校園

圖10.6
大猩猩牌三輪車，活動記錄影片 http://youtu.be/CXKyN9RAFhs。（大猩猩攝）

對頁｜圖10.7
大猩猩與參與腳踏車菜籃活動的學生。（大猩猩攝）

草坪中最具象徵性的圖書館前草坪，搭著藝術季的便車，我們偽裝成校園藝術計畫的學生小組之一，在草坪上開闢出一個心形的小菜圃，種上我們精挑細選的南瓜、茄子、青椒、薄荷等可食植物，最後還一起為它取了個順應時勢的名字——「頂尖菜園之台大心，百大情」。（圖10.8）

雖然「台大心、小菜圃」在完成後一週就被校方負責校內景觀與植栽的單位移除，但是我們在校內種菜的行動，引起了校內關心環境或土地正義的學生社團的關注，也促成我們和他們之間的交流與討論。今年夏天，這幾個社團一起向校方提出了「綠食指計畫」，打算在校內草地上以友善土地的樸門農法打造出可食園圃。然而校方在得知他們要種可食植物之後，卻以「恐有圖利之嫌」為由，拒絕他們的申請，目前學生爭取自力打造可食地景的行動還在持續中。

結語

從南港甜甜圈到台大心小菜圃，一連串我

們所進行的一些游擊行動，這些皆是一種城市的綠色改造行動，不管這些地方是公有地或私有土地，我們所訴求的重點並非土地權屬的本身，而是「我們所居住的土地與我們的關係」，在游擊的過程中，藉此探討究竟「什麼是我們想要的空間土地呢？」而我們又能做什麼？從南港甜甜圈的例子，一個透過政府所製造出的公園，不見得能適地而存，我們藉著「游擊」行動進行溝通，告訴他們，小菜博才是我們想要的空間！

在「台大心、小菜圃」的行動後，我們藉此逗貓了起來！逗弄著台大學生們對於空間訴求真正的心聲，透過這樣的游擊行動，引發同學討論，甚至將言語化成文字，寫出「綠食指計畫」企劃案，試圖讓可食地景進入校園景觀當中，即便這遭受校方地拒絕，但已經創造出了由下而上之間的對話，一個社區培力的組織動員過程正在發生。由大猩猩游擊的行動當中，不如再問自己一次，什麼才是我們想要的空間？而我們能為這些空間做什麼嗎？也許你我都可以這麼輕易的動手，即使是透過游擊種子丟擲至一個荒夷之地，都有可能像畫筆一樣，藉此渲染整個城市！

右｜圖10.8
「台大心、小菜圃」游擊行動。（大猩猩攝）

參考書目

黃舒楣，2011，〈「假公園」：似假還真的暫時性城市地景〉，《綠雜誌》，10：84-92。

Tracey, D. (2007) *Guerrilla Gardening*. Canada: New Society Publishers.

Viljoen, A., Bohn, K. & Howe, J. (2005) *Continuous Productive Urban Landscapes: Designing Urban Agriculture for Sustainable Cities*. Oxford: Architectural press.

Lefebvre, H. (1991) *The Production of Space*. Oxford: Basil Blackwell. (Original work published 1974)

Reynolds, R. (2008) *On Guerrilla Gardening: A Handbook for Gardening Without Boundaries*. New York: Bloomsbury.

Zanetti, O. (2007) *Guerrilla Gardening: Geographers and Gardeners, Actors and Networks: Reconsidering Urban Public Space*. Unpublished MA dissertation, Queen Mary, University of London.

11

樂生啟示錄

古蹟保存與社會正義

顏亮一——文

教戰守則

- 國家往往以工程專業理性來遮掩政治利益的算計，但是批判的都市規劃專業者可以協助弱勢團體，揭穿工程專業理性的面具，不讓國家有迴避社會正義議題的空間。
- 社會正義牽涉到社會的價值觀，因此要討論正義就必須先改變市民的價值觀。樂生院民從他們生活經驗中，發展出新的公共論述，促使一般市民大眾正視弱勢者的文化與人權，提供了最佳的示範。

THE LOSHENG STORY

HISTORIC PRESERVATION AND SOCIAL JUSTICE

遲來的正義

二〇一二年八月十六日，監察院針對捷運新莊線機廠在樂生療養院（以下簡稱樂生院）興建所造成的問題對新北市政府、台北市捷運局以及行政院衛生署提出糾正，糾正事由大致如下：首先，捷運機廠原本規劃於輔仁大學東側的農業區，卻「基於土地開發利益，遭致台北縣前縣長尤清及新莊市長強烈反對」，而選擇「腹地狹小，且位於新莊斷層」的樂生療養院現址，選址作業明顯不當。其次，衛生署未能即時搬遷院民，任續住區範圍擴大，是「潛在不安全隱憂」，且「徒然造成施工困擾、延宕工期」。第三，保存三十九棟院區建築物的「五三〇方案」乃是「政治考量」及「文化保存」凌駕「工程專業」、是「昧於地質不良事實所為之決定」，導致經費增加、工期延宕。最後，「五三〇方案」相較於拆除所有建築物的原始方案，施工困難度及風險性都提高，且地錨工法無法有效穩定邊坡，導致新舊院區都出現毀損。[1]

自從二〇〇五年三月樂生院民成立「樂生保留自救會」，開啟了長達八年的樂生院保存運動以來，這是官方第一次公開承認捷運機廠選址在樂生院乃是政策上的錯誤。正因如此，這個糾正案似乎可說是一個「遲來的正義」。然而我們不免要問，遲

1 監察院案號一〇一教正〇〇一五糾正文，審議日期二〇一二年八月十六日。這紙糾正文留下了許多曖昧不明甚至邏輯倒錯之處：例如第一項理由明白陳述機廠選址不當，但是後三項理由卻又指責衛生署遷置院民不力，以及捷運局在社會壓力下棄守「工程專業」而導致公共安全的問題云云。更矛盾的是，監察院提出糾正案的新聞稿中又建議捷運局「應研提施工補強方案，徹底解決邊坡安全問題，並儘速復工，避免已開挖之邊坡因連日豪雨造成大量滑動。」然而，儘管監察院的糾正案有上述諸多怪異之處，捷運機廠選址錯誤仍是該案中最關鍵的要旨，這個糾正案因此有力地反擊了新北市政府（前臺北縣政府）與臺北市捷運局關於捷運機廠設於樂生院之必要性的種種說法。

來的正義還算是正義嗎？從某個角度看來，答案可能是否定的。在這漫長的八年中，樂生院區被挖得體無完膚，主要的建築物也被拆除殆盡；大部分院民被迫遷至新院區，同時還得面對地層滑動的風險；樂生院在運動之初有四百餘位院民，到了二〇一三年初，院民人數只剩一百八十九名。[2]此外，即使監察院指出選址錯誤，直到本文完稿之前，也未曾聽聞捷運局有任何遷址的計劃。

然而，換另一個角度來看，即使樂生院大部分的實體空間已不復存，樂生保存運動的星火卻從未間斷，而且近來反而有愈燃愈旺的趨勢。在這八年間，除了院民本身之外，更有為數眾多的青年學子前仆後繼地以各種方式投身保存運動。此外，在公共論述方面，樂生保存運動也將古蹟保存與人權維護等議題推上都市政治議程，使得樂生院的存廢成為檢驗社會正義的指標。

由於樂生保存運動可說是臺灣第一個清楚扣連社會正義信念的古蹟保存運動，而且串連了「歷史保存與被遺忘了的弱勢團體歷史：同時以創新的方式來詮釋它，使日常地景成為城市生活史的一部分」(Hayden, 1995, p.11)，因此值得我們來探究這個運動的失與得，以及它與「反造城市」之間的關係。以下，本文首先將簡要回顧樂生保存運動的發展歷程；其次，本文將分析這個運動所面對的結

構性困境；接著，本文將探討運動參與者與一般市民對樂生院空間認知的轉變；最後，本文將指出樂生保存運動給我們帶來的一些啟示。

重現歷史、地理與社會的邊緣

樂生院於一九三〇年創立於新莊頂坡角，也就是在今天新莊南區的迴龍一帶，是一個收容漢生病患的療養院所（圖11.1、圖11.2）。[3]由於漢生病在當時仍是一種無法治癒、而且原因不明的傳染病，因此醫療體系的作法乃是將病患徹底地與社會隔絕。新莊地區在當時是以一個生產稻米為主的農業地帶，人口密度不高；頂坡角又離新莊老街有一段距離，因此樂生院的區位的確達成隔離的目的。到了一九五〇年代，出現了治療漢生病的特效藥物，而醫學界也發現漢生病其實傳染力極低，因此就停止了隔離政策。但是院民因為長期遭受外界歧視，又已經習慣院內的生活環境，也就以院為家，並且形成了一個內聚力很強的社區（陳歆怡，2006）。

直到一九九〇年初為止，僅管樂生院本身的空間配置與建築形態並沒有太大改變，在它外圍的新莊卻已經產生了巨大的轉變。一九六〇年代，為配合當時政府產業政策，新莊開始出現了密集的紡織、化工與食品工廠，一九七三年制定的都市計畫更劃定了頭前與西盛兩個工業區。一九八〇年以後，新莊進一步成了電力及電子機械器

2 本文中樂生院保存運動事件的資料來源，除特別標明外，乃整理自《快樂．樂生青年樂生聯盟行動網頁http://www.wretch.cc/blog/happylosheng（檢索日期：2013/1/23）；以及《苦勞網》歷年來有關保存運動的新聞稿，參見http://www.coolloud.org.tw/tag/樂生保留自救會（檢索日期：2013/1/23）及http://www.coolloud.org.tw/tag/青年樂生聯盟（檢索日期：2013/1/23）。

3 漢生病（Hansen's Disease）即俗稱麻瘋病（Leprosy）在醫學領域的正式名稱。由於中文「麻瘋病」這個字眼帶有歧視的意味，因此本文以採用「漢生病」來指稱這種疾病。

圖11.1
拆遷前樂生院的行政與醫療中心「王字型建築」，二〇〇四年三月。（顏亮一攝）

材製造業的生產基地。工業化不但改變了新莊的地景，同時也帶來了大量的城鄉移民。在一九八〇年中期以後，開始出現工廠外移的現象，新莊又逐漸轉型成台北市通勤人口的住宅區。在這六十年當中，唯有樂生院靜默地處於都市邊緣，被歷史與社會所遺忘。

一九八六年八月台北市捷運局宣佈將三重與新莊列為後續興建路網，並預計於一九九九年開工。依據交通部最初核定的路線方案，新莊線台北縣段為沿三重重新路、新莊中正路直至明志路口，而捷運機廠則設在輔仁大學東側的溫仔圳農業區。然而，正如監察院的糾正文所指陳的，台北縣政府在一九九三年以溫仔圳農業區即將變更為住商混合區表示反對，而輔仁大學也以學校即將擴建為由提出異議。隔年，新莊與三重兩市市長及地方民意代表聯合向中央建議延伸至迴龍，並將機廠設置在樂生院。在地方人士的壓力下，捷運局最後放棄以溫仔圳為機廠用地的方案，決定將機廠設置於樂生院的現址。隔年，交通部出面與樂生院主管機關省

衛生處進行樂生院用地協商，在「有償撥用、就近安置、先建後拆」等原則之下，將樂生院指定為捷運機廠用地。

在規劃與設計過程中，樂生院民雖然曾向院方表達反對拆遷樂生院的計畫，但最後在院方的勸說之下不了了之。但是當機廠在二〇〇二年開始動工之後，卻引發了一連串求保存的行動。二〇〇二年四月，新莊社區大學、新莊文史工作會、樂生院民等團體共同形成立了「保護新莊老樹樂生聯盟」，以搶救院內的老樹，這個行動也喚起了外界對於樂生院文化價值的重視。二〇〇四年三月一群關心樂生院民的學生成立了「青年樂生聯盟」（以下簡稱樂青），協助院民向相關單位以書面陳情，促成樂生院的保存。然而，由於相關單位並沒有具體的回應，而樂生院的主體建築群落又預定於該年年底拆除，於是樂青便伴隨著樂生院民首度踏上街頭，於十月十五日共同至立法院與行政院陳情。

在陳情當天，保存團體提出了四大訴求：「確保院民人權，反對強迫搬遷；尊重專業審查，完成古蹟指定；院區原地保存，捷運古蹟共構；成立專案小組，捷運暫緩施工」。為了回應這四項訴求，行政院召開跨部會協調會，決議給予樂生院民拆遷兩個月緩衝期，並委託台大建築與城鄉研究所教授劉可強研擬樂生院全區原地保留之替選方案。替選方案「專家版方案」於兩個月後提出，而捷運局也針對「專家版方案」提出「捷運局版評估報告」。然而這兩個版本對於工期延長時間與經費增加多寡的認定有相當大的出入，是故保存團體和政府並未達成共識。而經過了和政府數度折衝之後，樂生院民也在二〇〇五年三月化被動為主動，成立了「樂生保留自救會」（以下簡稱自救會）。

就在保存團體與官方形成對峙之際，出現了一個戲劇性的轉折。在二〇〇四年，

圖11.2
拆遷前樂生院區內主要的地景形式，二〇〇四年三月。（顏亮一攝）

曾協助日本漢生病患打贏國賠訴訟的律師久保井攝在受理訴訟期間，發現台灣還有一個收容戰前病患的療養院，便來台了解。經調查後，樂生院內有二十五名院民符合求償資格，於是便代他們向日本政府求償。結果在二〇〇五年十月二十五日，東京地方法以「台灣的療養院確實屬於國立療養院」為由，判決日本政府要補償台灣病患。此舉無異是由國際性的觀點間接地肯定了樂生院民居留原地的權利，這個情勢自然給政府帶來了一定程度的壓力。結果，文建會在社會各界的壓力下，終於在十二月十一日將樂生院指定為「暫定古蹟」，依法在六個月內不得破壞，暫緩了樂生拆除的危機。

面對這個情勢，捷運局一改共構不可行的說法，在二〇〇六年二月提出了「樂生院百分之四十一點六保存方案」，但是不為保存團體所接受。到了六月十一日，也就是樂生院暫定古蹟的最後一天，自救會與樂青舉辦了「呼喊正義，捍衛樂生」六步一跪的遊行，要求政府依法進行古蹟審查，並規劃全區保留方案。然而，官方並沒有任何正面的回應。不過到了二〇〇七年一月，文建會在委託英國欣陸工程顧問公司對樂生院區進行研究後，提出了「百分之九十保存方案」，並明確表示該方案技術可行，且僅需延長四個月工期與增加二點九億工程費用（圖11.3－11.6）。然而行政院卻表態支持「四十一點六」的保存方案，而台北縣政府更順勢在三月十六日

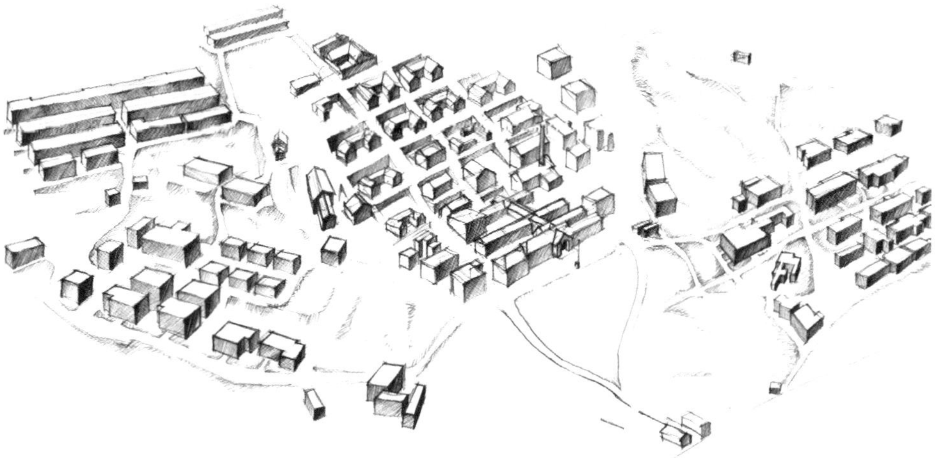

對頁｜圖11.3
樂生院原貌示意圖。
（由Wenli提供）

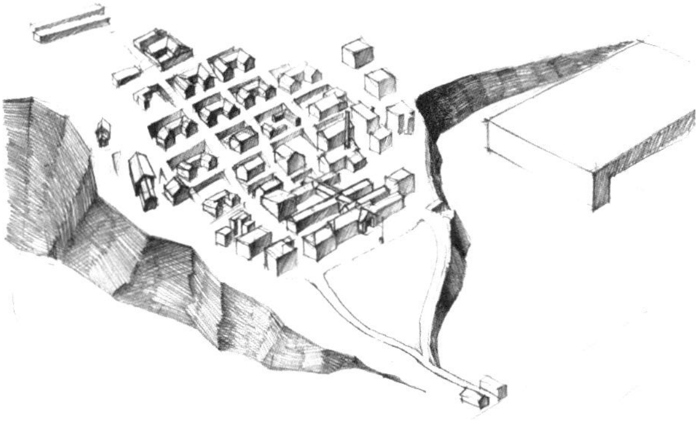

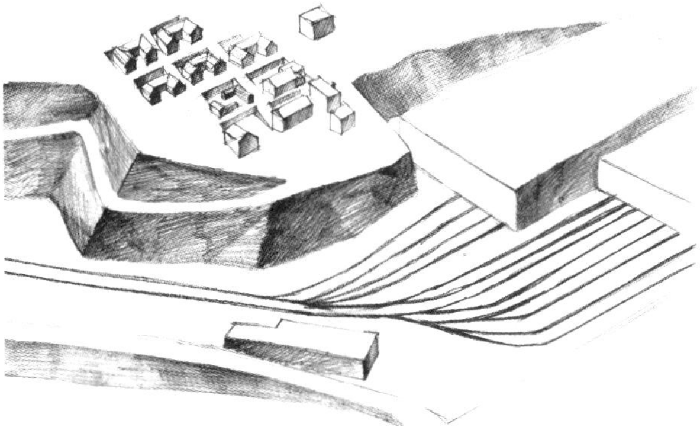

上｜圖11.4
二〇〇七年一月樂生院狀況示意圖。
（由Wenli提供）

中｜圖11.5
百分之四十一點六保存方案示意圖。
（由Wenli提供）

下｜圖11.6
百分之九十保存方案示意圖。
（由Wenli提供）

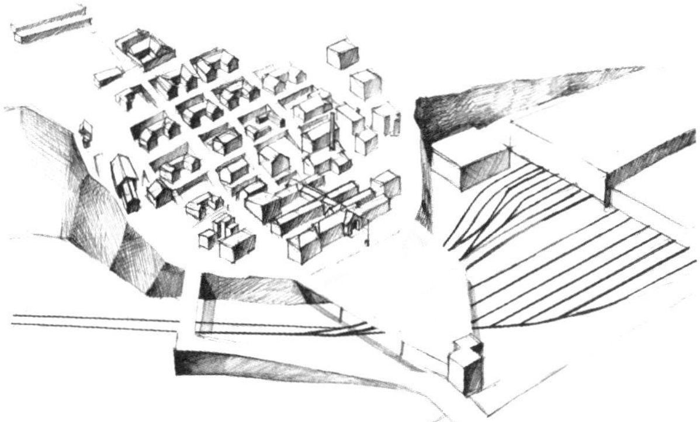

宣告將於一個月後執行強制拆遷。此舉不但激發了樂生院民與保存團體強烈的危機意識，更引發了社會各界的同情與聲援。四月十五日，由自救會與一百五十多個民間團體聯名發起「全台鬥陣挺樂生，保留樂生四一五大遊行」，號召了六千多人到場聲援，再度阻擋了拆除工程。

到了五月三十日，行政院工程會召開「樂生保留方案評估」結案會議，在院民與保存團體的退席抗議下，決議採用「四十一點六」方案，並要所有院民必須搬遷，此即前述監察院糾正案中的「五三〇方案」。行政院工程會既作成決議，在完成招標發包程序之後，台北縣政府遂於二〇〇八年十一月二十五日至樂生療養院張貼拆除公告，對保留區範圍內非續住區的房舍，限於一週內自行搬遷。十二月三日，捷運工程人員在警方陪同下，強制進入院內，驅離現場樂青與自救會成員，開始了拆除工作。最後只保留了三十九棟建築，其中僅有十八棟開放院民續住，而工程單位則開始對樂生的山坡進行大規模的開挖（圖11.7）。

然而，捷運局未曾預料的是，從二〇一〇年五月開始，樂生院不斷發現新舊院區地表、房屋出現大規模裂痕，且裂痕逐漸延伸至目前院民居住房舍，威脅院民續住安全。捷運局面對這個狀況，不得不在九月停工，並委託台灣省大地技師公會進行地質報告。次年五月報告出爐，指出樂生地質內含高壓地下水，並且有斷層通過，新莊機廠在斷層帶上進行大規模開發，極有可能導致無可回復的走山危機。有鑑於這個危機，自救會與樂青要求捷運局立即將土方回填，並另覓新址興建機廠，但截至目前為止，捷運局仍堅持工程技術可以克服這個問題，不肯承諾遷址（圖11.8）。

回首來路，其實有好幾個時刻，如果當初下了不同的決策，也不會走到今天的地步。早在一九九四年時，如果當時維持原案將機廠設在溫仔圳，樂生不必被拆，捷運

圖11.7
樂生院現況，二〇一三年七月。（顏亮一 攝）

也可以早好幾年通車。而二〇〇四年樂生保存運動開始時，樂生院山坡地部分還沒開挖，如果當時變更設計，也不會有今天的後果。二〇〇七年五月三十日工程會如果採用保存百之之九十院區的方案，山坡地開挖的部分較少，或許也不會產生走山的問題。樂生院區的拆除本是一場文化與人權的悲劇，如今卻演變成一齣無法收場的公共安全鬧劇。以下本文將分析這場鬧劇發生的結構性因素。

保存運動的困境

樂生院保存運動之所以未能成功的保留大部分的院區，乃源自於三個相互交織的結構性困境：被土地資本綁架的國家機器、理性外貌下的非理性專業、以及混淆現實的都市論述。

就第一個困境而言，捷運通車固然有利市民通勤，然而沿線房地產的利益才是地方政客關心的重點，政客不僅為地主與開發商代言，有些人甚至自己便是開發商。[4] 這也難怪在一九九三年討論機廠選址問題時，台北縣政府就因為溫仔圳農業區未來土地開發的利益而主張遷移至樂生院。而一九九四年三月新莊與三重兩地市長為了捷運提前動工，竟能號召兩千名民眾與十一位立委到立法院去請願（姚耀婷，2010，頁八十）。對政客來說，樂生院的歷史意義並不重要，樂生院唯一的意義就在於它是最容易取得的機廠用地，機廠在樂生院的興建是捷運開工的要件，捷運開工則會促使沿線土地大幅增值。因此，代表地主與開發商利益的地方政客才會不斷對決策單位施壓，並頑強的抗拒任何對其利益的挑戰。這或許也可以解釋為何在爾後的保存運動中，從中央到地方、從國民黨到民進黨，沒有一個首長願意正視保存的課題。

保存運動面臨的第二個困局乃是捷運規劃與工程單位包裝在理性外表下的非理性

決策。現代規劃專業其實建立在幾個假設之下，亦即：理性、全盤性、科學方法、國家主導以及只有規劃者知道什麼才算是公共利益（Sandercock, 1998, p.62）。因此，國家體制內的專業規劃者（交通部、捷運局的專家）站在一個自以為外在於政治的立場，以符合理性程序訂定捷運路線。然而當既得利益者將一個鄰避設施（捷運機廠）挪移至一個最弱勢團體的居住空間（樂生院）時，提出原有方案的專家竟也能配合這個新的決策，以符合程序理性的方式發展出論述，諸如「公有地取得較容易、迴龍地區人口持續增加、樂生院原本就有改建計畫等」。此外，在保存運動者提出各種替代方案之際，捷運局總是一再以技術不可行、不符合工程規範等理由，拒絕和保存運動團體溝通，但是事後又被證明並非事實。舉例而言，二〇〇二年樂生院曾進行古蹟指定的審議，審議委員全數要求保存樂生院，並呼籲捷運暫且停工，另覓機廠地點或變更機廠設計。然而，當時捷運局拒絕變更計畫，認為：「若現地部分或全部保存，則增加之工程費用均在百億以上，完工期限均延遲三年以上」。然而，當文建會委託的民間工程顧問公司提出「保留百分之九十方案」時，捷運局又改口說原地保存是有可行性的，但是堅持「保存百分之四十是捷運局的底線」。

在政商合一與假專業理性兩個因素的混合之下，產生了第三個困境：「樂生與新莊對立」的公共論述。從一九八〇年代中期開始，縣政府便開始在政策上試圖將新莊由工業城轉型成服務業的中心，最具代表性的例子就是從一九八五年開始規劃的「新莊副都心」。在一九九五年蘇貞昌任縣長時提出了「台北縣雙十旗艦」計畫，要將副都心打造成「台北縣的曼哈頓」，和隔大漢溪對望的「板橋新都心」形成「雙子城」；

4 例如曾任新莊市長的蔡家福就擁有「家福建設事業股份有限公司」、「家欣建設」與「元福建設」等開發公司。

而二〇〇六年周錫瑋擔任縣長後更宣稱要將「新莊副都心」打造成「六星級國際城市」。對於長期處在台北都會生活的外圍的新莊居民，這些都市論述不但主導了對新莊發展的想像，更驅動了居民對於地方發展的欲望，而捷運的早日通車則是地方發展的前提（姚耀婷，2010，頁九十二）。在這個情境下，當捷運局宣稱機廠不完工，新莊捷運即不能通車時，樂生院民竟成了阻礙「地方發展」與「公共利益」的全民公敵。無怪乎副總統呂秀蓮於二〇〇五年一月二十六日至樂生院了解保存爭議時，她竟然對院民說：「古蹟很重要，但國家要花很多錢，你們願意嗎？你們賠得起嗎？」雖然，當二〇一二年初新莊捷運在機廠未完工的情況下通車至輔大站時，這種對立的假象不攻自破，然而國家這種混淆現實的都市論述卻已造成打擊保存運動的效果。

綜上所言，樂生院保存運動的戰役之所以打得如此艱辛，實與政商利益共構的政府、規劃工程單位的專業盲目、以及將樂生院民與新莊居民對立起來的都市論述等三個結構性的問題有關。

我們得到了什麼？

如果就樂生院區原地保存的目標來說，這場保存運動

大約在二〇〇七年工程會決採取「五三〇」方案的那一刻就結束了。但是從關心文化、人權與社會正義的保存運動者的觀點，新的運動才正要展開，誠如一位社運人士所言：

> 如果不是從「我們失去了什麼」，而是從「我們得到了什麼」的角度來看，今天樂生保存運動的格局，未必不能從這續住的十八棟開始……不要忘了，「樂·生·院·還·在」。5

事實上，樂生院的確保有部分實質空間，但更重要的是，在保存運動者的努力下，不但運動參與者的空間意識改變了，樂生院也浮現並留存於市民大眾的空間認知之中。

就院民的改變而言，在長達九年的社運過程中，院民從逆來順受的個人，逐漸的轉變為具有高度自我認同、積極參與公共事務的社區團體。由於自卑心態與隔離經驗，多數院民原本傾向「接受」命運，配合「國家政策」。然而，在樂青成員以及外界知識分子的鼓勵下，院民開始對自己產生自尊。同時，他們學習到一種在公共領域說話的方式，從最初的：「『我們就是不想搬，不願意搬，高樓不適合我們』；到學會說：『這是我們的古蹟，是世界遺產』、『憲法保障我們居住權，這是基本人權』、『國內工程人員連雪山隧道都挖得穿，同時保留樂生又蓋捷運有何困難』、『國外醫學研究報告說，老人住大樓沒有自然空氣，會死得比較快』」等等（鐘聖雄，2007，p.97）。在此我們看到樂生院民「展開了對立論述的創造與流通，藉此形成關乎她（他）們身分、利益與需求的對立詮釋」（Fraser, 1993, p.14）。而這些對立詮釋其實正是他們在

5 http://www.blackdog.idv.tw/wordpress/index.php/2008/12/04/stillhere/（檢索日期：2013/1/23）

圖11.8
樂生自救會到台北市政府前陳情，二〇一一年十二月。（顏亮一 攝）

公共領域爭取權力的重要工具。

就參與運動的學生而言，由於個人生涯規劃不同，樂青的參與者時有變動，但是樂青這個組織卻始終保有活力。樂青成立時成員以醫學院學生為主；到了第二個時期，則以具有都市規劃或建築，以及社會科學研究背景的學生最多；到了後期，由於運動影響力逐漸擴大，成員身份變得更多元化，各種背景都有（鐘聖雄，2007，p.96）。此外，參與樂青的學生中有許多人後來也參與其他各式的環境或社區運動，可以說是替台灣的都市社會運動提供了新血。誠如一位運動參與者所言：「青年樂生聯盟，從來就不是一個有組織、有規範的團體，任何一個關心樂生保存議題的人，都可以對外宣稱他們是青年樂生的一分子。因此網路上那些高舉『正義旗幟』，對質疑者揮大刀的，也是樂青沒錯啊。[6]」的確，在台灣藍綠惡鬥內耗的政治氣氛下，由於樂生保存運動對社會正義的堅持，使得它成為抱有社會使命感的青年一個社會實踐與自我實現的重要場域。

至於保存運動對外界的影響則可以從以下三個例子來觀察。從二〇〇五年開始，樂生保存運動持續不斷地有藝文團體投入，試圖以藝術交流的方式，一方面翻轉外界對漢生病的負面印象，另一方面則凝結樂生院民的感情與鬥志。歷年來在樂生院舉辦的藝術活動包括了「樂生影展」、「生命、音樂、大樹下」、「理想藝術節」、「樂生那卡西」等，這些活動將樂生院轉變成一個「不同世代與團體交流的藝術場域」（陳佳利，2010，p.313）。其中「樂生那卡西」更是由藝術工作者與樂生院民共同作詞作曲，並製作成《被遺忘的國寶》專輯。參與創作使院民「從傳統病患的被動形象，轉變成具主動創作力的藝術家」（同前）。事實上，樂青與院民長期以樂生院作為活動期地，並舉辦各種文化活動對外界發聲，對於轉變大眾對樂生院的觀感有很大的作用。

其次，從二〇〇七年夏天，部分樂青成員開始推動成立「樂生博物故事館」，並於當年十二月十二日開幕。「樂生博物故事館」利用當時尚未被拆遷的王字型建築（即主要的行政與醫療院所）作為展場，主要以物件、相片與文字等方式展示院民的日常活以及保存運動。一開始，院民並不認同博物館的設立，因為博物館「隱含對保存運動的一種退讓與否定，似乎唯有即將消逝的文化與主體，才會迫切地採取博物館的保存策略」（陳佳利，2010，p.299）。然而，當博物館成立之後，院民卻不時主動擔任導覽工作，和參訪者分享自身的歷史。藉著回憶、分享控訴公部門不人道的對待，博物館成為部分院民獲得心靈忍藉的一種方式。然而，博物館的建立更大的意義在於將一直被隔離的樂生院，轉型成對公眾展示與解說的教育空間，引發大眾對於漢生病患人權的關注。

除了博物館的建立外，樂青也在二〇〇七年夏天開辦了「樂生社區學校」，一方提供附近居民活動的公共空間，另一方面則「將『無用的大學生』之社會位置在此情境下轉變成為『社區老師』，『賴著不走的患者』轉成『樂生院的阿公阿媽』」（姚耀婷，2010，p.126），進而改變居民對樂生院的刻板印象，甚至進一步願意主動使用這個空間、參與樂生文化園區的設計規劃。「樂生社區學校」由來自北區各大專院校的學生義務擔任課程老師，發揮自己的所學專長，開設各種才藝課程，到二〇一〇年為止，總共舉辦了六屆，由於課程多元、收費低廉，廣受附近社區居民歡迎，據估計有三百個以上的學童參加過學校的課程。[7]雖然從二〇一〇年秋天，由於捷運的施工，使得上課使用的房舍出現許多裂痕，顯示出地層已經在滑動，造成安全上問題，因此社區

6 http://minke33.blogspot.tw/2007/03/blog-post_20.html（檢索日期：2013/1/23）

7 「樂生社區學校」的課程可參考http://loshengschool.blogspot.tw/search/label/社區學校課程（檢索日期：2013/1/23）

學校不停止招生。然而，社區學校的確拉近了樂生院民與周邊社區民眾的關係。例如二〇〇八年十二月樂生開始拆除前夕，社區學校的家長還曾連署陳情。而樂生社區學校的學生、家長與工作人員在停招後仍組成了一個工作團隊，定期造訪院民，並不定期舉辦社區活動。

暫時的句點：城市改造與市民改造

要對一個持續中的社會運動作出準確的論斷是不可能的，但是作者不得不在這裡劃下一個暫時的句點。至少到目前為止，我們可以看到樂生院保存運動不但改造了城市，也改造了市民。在城市改造方面，保存運動雖未能完整保存院區，但是它卻成功的突破了保存與發展的二元對立邏輯，在國家既定政策的強大壓力下保留了百分之四十的院區，替城市留下一片重新詮釋與理解漢生病人的歷史空間。在市民改造方面，在這八年的戰役中，藉由形成組織、街頭抗爭、藝文活動、成立「樂生博物故事館」與「樂生社區學校」等方式，樂生院民找到了串連他們生活經驗的語言，發展另類公共論述，並促使一般市民大眾正視弱勢者的文化與人權，重省都市社會正義的課題。因此，樂生院保存運動對於城市民主的建立而言，不能不說是一個重大里程碑。

最後，讓作者以一首樂生院保存的運動歌曲來與所有關心樂生的朋友相互共勉，[8]並以之結束本文：

怪手啊挖　挖　挖　挖攏不停
捷運逼咱搬厝　心內不安寧
政府官員　侵害人權

你咁賠得起　你咁賠得起
咱就互相照顧　互相扶持　繼續拼下去
走街頭　走到瑞士　走到總統府
日本勝訴　咱的官員　也是踢皮球
政府官員　侵害人權
你咁賠得起　你咁賠得起
咱就互相照顧　互相扶持　繼續拼下去！

8 歌名為：〈你咁賠得起？〉，詞由青年樂生聯盟、黑手那卡西及樂生院院民共同創作，曲改編自日本時代〈樂生院之歌〉。收錄於《被遺忘的國寶》，發行人：樂生保留自救會、青年樂生聯盟，發行日期：二〇〇五年十二月二十五日。

參考書目

姚耀婷，2010，《重思治理術與日常生活實踐：以樂生／新莊對立語境為例》，臺灣大學地理環境資源學所碩士論文。
陳佳利，2010，〈身障者之再現與發聲：論「樂生故事博物館」之展示建構〉，《台灣社會研究季刊》，八十期，頁二八七－三一九。
陳歆怡，2006，《監獄或家？：台灣痲瘋病患者的隔離生涯與自我重建》，清華大學社會學研究所碩士論文。
鐘聖雄，2007，《樂生願：漢生病患的家園保衛戰》，臺灣大學新聞研究所碩士論文。
Fraser, N. (1993) Rethinking the Public Sphere: A Contribution to the Critique of Actually Existing Democracy. In B. Robbins (Ed.), In The Phantom Public Sphere. Minneapolis: University of Minnesota Press.
Hayden, D. (1995) The Power of Place: Urban Landscapes as Public History. Cambridge: MIT Press.
Sandercock, L. (1998) Towards Cosmopolis. West Sussex: Wiley.

1

〈Safinawlan，讓我們共居！〉多年後「社會住宅」自己造

于欣可——文

從本書第一版出版至今，六年過去了，溪洲部落從二〇〇七年開始，歷經了幾乎十年的抗爭生活，在經過了長久努力與各方協助，在二〇一七年十一月十一日舉辦新家園的開工典禮，家園重建邁入新的里程碑。

上一版部落與政府的協商跟各位讀者交代到二〇一五年，因此，此後記將說明從當時到二〇一八年這段時間與新北市政府的各種周旋。其實一直以來，與市府的爭執點只有一個：居住是誰的主要責任？重建協力團隊與居民一直堅持的模式是「都市原住民社會住宅」，簡而言之，政府應視人民的居住問題為己任，從而提供一個負責任的、可持續發展的住宅政策，最好是從供給面下手（政府直接興建），給予不同需求跟不同能力的市民一個「住者有其屋」的努力方向。很可惜的是，從中央到地方，政府的思維就是「住宅是市場」，而政府不干預市場。

然而，不論藍綠，政府的思維邏輯不脫：「房地產是產業的火車頭」，卻與前述相互矛盾，時常干預住宅市場，舉例而言，當房屋市場出現太多空餘屋，政府即開辦「青年首次購屋」，美其名是要解決青年住屋問題，實則幫助開發商去消化賣不出去、青年也買不起的空餘屋。許多的地方再發展計畫，政府也耗盡大半心思著眼於房地產開發，結果，方案經過好幾年審議，地皮也已經炒了好幾輪。所以，政府的邏輯不是「不

干預住宅市場」，而是「不願面對居住問題」。

攤開歷史，不管是大台北防洪計畫中二重疏洪道上的拆遷戶、信義區四四南村的原住戶等，政府都還有想辦法解決占用戶的安置問題，從這個角度看，政府對於溪洲部落的處理其實是倒退的，連安置住宅都不願承擔，何來社會住宅呢？

從新北市改制以來，我們花了大半的精力時間跟市政府協商，我們一直主張由政府出資，做真正的社會住宅，居民繳租金入住，後續的經營維護管理可由部落與專業管理組織一同協助，這樣，政府能減去大部分的管理工作，收租催租都不用自己來。我們也與部落協會努力達成共識，設計適宜的制度讓日後付不出租金的家戶可以「以工代租」，盡力做到所有現住戶都不會因為付不出社會住宅的租金而被迫離開。但不論這幾年我們如何說破了嘴，市府的態度就是不動，我們在談判桌上耗費了大量的精力與時間，換來政府的敷衍與原地踏步，平白浪費了一個能夠建立台灣多元化社會住宅制度的機會。

相反地，由於另一個同樣位於新北市的三鶯部落，接受了新北市的提議，採用333自力造屋模式[1]，市府很快就同意，因為這不是社會住宅，產權非屬公有。雖然產權全然私有已不屬於社會住宅的範疇，但市府還是在面對民間對社會住宅存量不足的質疑時，硬把溪洲與三鶯部落重建也算入社會住宅[2]。

「社會住宅自己蓋」

自與新北市府談判協商以來，居民最困擾的就是若日後採用333模式，不止無法拿出自籌款，貸款可能也無法如期繳交。因此，居民在長達數年的過程中，堅持市府能夠維持社會住宅的承諾[3]，也因此在這問題上，大家僵持不下。然而，最戲劇性的發展，是因緣際會下，童子賢先生願意出資協助溪洲部落重建，在此狀況下，部落不再堅持市府依住宅法興辦社會住宅。事實上，重建協力團隊與居民除了這幾年耗盡精力與政府協商外，也耗盡了與市府和市長的信任，因此，大家最後決定「社會住宅自己蓋」，雖然產權非屬公有，但部落每一戶都與協會正式簽約，以後房屋不得私下買賣、出租，若有人無法繳貸款，則由協會負責，而該戶還是得以居住於原本的房子裡，只是產權過度給協會。

透過這樣的制度設計，避免產權私有化後居民出售，也避免部落族人因為經濟問題而無法安居。可以這樣說，雖然沒有政府的社會住宅，但社會住宅保障居住權的理念，卻透過溪洲部落的族人自己落實了。因為童先生的幫忙，最困擾的自籌款有了著落。建築經費透過族人的銀行貸款自籌、童子賢先生善款與新北市政府補助，展現族人自主自立的能力與各方援助的精神。非常感謝童子賢先生代表了社會良善力量，慷慨捐助家屋興建費用，扶助族人經濟資源，溪洲部落才能這麼快啟動新建工程。同時也感謝市府內原民局、城鄉局的第一線承辦人員長期給予的行政支援，協助都市計劃變更、土地租用等程序，走出創新的行政新路。大家是戰友，不是敵人。

走了十年的路

二〇一七年秋冬的開工團結儀式，突破以往「破土」的侵略大地意象，由部落頭目帶領青年祭拜祖靈祈福，族人採集山林樹藤，以多條樹藤纏繞編織成大型花圈，樹藤互相扶持，象徵部落族人團結合作，綿延不絕的藤蔓則代表部落永續茂盛。邀請來賓在綵帶上留言祝福，並將綵帶綑紮在樹藤上，留下祝福，請來賓飲小米酒，表達部落對貴賓的感謝。再由族人將自己的留言綵帶綑在樹藤上，在婦女吟唱歌謠聲中，將樹藤圍繞成圈，代表部落團結、工程圓滿的祈願祝禱。

這十年來，族人與社會一同成長。族人堅持抗爭，與社會對話、爭取認同，向政府爭取就地居住權利，爭取參與式設計及親手造家園的機會，開展部落導覽，能與各界朋友自信地談論自己的族群文化，溪洲部落成為都市原住民文化的重要節點。

自抗爭開始，台大夏鑄九教授與日籍客座教授延藤安弘團隊就透過參與式設計，讓族人親手參與自己家園的規劃設計，同時也融入溪洲部落特有生活與文化，堅持爭取最適合全體族人的生活環境，成為未來都市原住民文化基地。家屋建築設計由傑出建築師獎得主的資深建築師呂欽文帶領團隊執行，未來也會由族人實際參與營造工作，親手造家園。族人家園位於距離原本部落大約一百公尺之外的堤頂，以後再也不會在颱風季節受災淹水，是安全、自主、傳承文化的都市原住民園區。

「社會住宅」自己造，結果看似美滿，但是這個過程非常艱辛。如果不是有善款，溪洲部落不可能會開啟重建之路。長遠來看，如果解決居住問題的方式要靠善款的「緣分」，如何寄望我們能有一個可持續的、有前瞻性的住宅政策？溪洲部落很小，區區四十戶，但對這四十戶來講，從抗爭、爭取社會住宅、貸款自籌，到最後幸運的獲得善款協助，這條路走了十年。「再等一個十年，再等一個善款」，這是我們期待掌握最大資源的政府，面對住宅問題該有的態度嗎？

1　333模式意即由市府、族人自籌與族人貸款各負擔三分之一的家屋重建經費。

2　雖然產權全然私有已不屬於社會住宅的範疇，但市府還是在面對民間對社會住宅純量不足的質疑時，硬把溪洲與三鶯部落重建也算入社會住宅。詳見新北市城鄉局新聞稿：「地方中央合作、公私協力，社會住宅穩健推動」(2014/03/17)。

3　朱市長於第一任新北市市長上任第二日，即前往溪洲、三鶯部落，並在溪洲部落當著族人與媒體記者的面承諾：「持續推動原住民社會住宅」。

2

就地安置之外
〈「瑠」住美麗時光〉多年後

吳振廷——文

瑠公圳力行路二段在一連串的反迫遷行動、協商、拆建後，二〇一一年市政府在拆遷計畫及補償金等政策的執行下，原本五十一戶居民，留下了三十三戶「就地安置」。近幾年，陸續有住戶搬離開社區，離開的原因大致為屋況不佳，諸如房屋結構堪慮及漏水等問題，又或是私人原因將房屋外租。目前，居住在社區的總人數約一百人。而當初參與反迫遷行動的張媽媽及胸膛刺有中華民國國旗、社區口中的「反共義士」劉伯伯相繼離世，也陸續耳聞搬離社區的長輩離開人間，生命的凋零是自然界的定則，能共同經歷或見證歷史的人也終將被時間沖刷殆盡。讓我們再次回現場，探討「後」瑠公圳的種種現況。

新公園、新氣象？

瑠公圳美化工程拆掉了吊腳樓，將環境整治，運用現代景觀設計的手法，確實改善了視覺景觀：沿著河圳大約百米的廊道，以洗鍊的工法重新鋪設河岸兩側。居民對於此項改建紛紛覺得「社區變亮了，環境似乎真的變乾淨了」。然而，真正棘手的圳道排水問題，連同瑠公圳一段，長期下來沒有被全面性的處理，導致惡臭不斷，而水岸也隨著時間的累積，逐漸雜草叢生。此類的問題經反應後，區公所也僅能通報委外維護管理單位進行消極的處理，倘若該年度流標或是廠商稍有怠惰，環境便無人整理。

新建設的水岸步道、公園，讓原本的生活空間變成大眾遛狗、騎機車臨停或散步的公園，即社區熟悉的私領域轉換成市民的公共空間。這不是符合政府的美意嗎？但真實的情境的是，國宅和軍營之間建構出的狹長形態的水岸公園，和台灣多數公園的宿命一樣，因為民眾使用行為不佳，造成環境髒亂，若問，難道社區不動手清淨家門前的公園嗎？事實上，被迫開放的家園，很難營造出規劃者想像中的市民共享空間。再者，社區的長輩與孩童也不會在窄小的圳道活動，因此新公園容易淪為被漠視的區域。換言之，瑠公圳的新建設始終存在一個問題：這是誰的公園？該由誰來管理的「認同」問題。

就空間形式的轉變來看，昔日大家會穿梭在住家和吊腳樓之間的「街衢」，互相串門子、話家常，隨著吊腳樓拆除後，鄰里的社交機會也消失了。吊腳樓原本屬於社會性的空間，在拆除之後，居民的廚房移到家屋內，人們失去了在公私領域遊走移動的正當性，因此造就居民之間無形的隔閡。

守住的味道

在反迫遷行動之後，社區自救會階段性的任務已經消失，所以目前沒有群聚的理由。社區鄰里的情感仍仰賴大型的聚會所聯繫，過去社區鄰里聚會主要是由黃媽媽於年初自辦的春酒，邀請家族及較親密的社區夥伴，以一家一菜的辦桌方式，從一間間窄小的吊腳樓廚房，燒出許多大菜，連結各家戶的味覺情感。此時，旅居在外的親人都會因此聚在一起，同時也是社區年輕人回鄉群聚的日子，這個夜晚，「街衢」燈火通明，大家隨興閒聊過去的悲喜，也共同攜手面對未來，這是大家熟悉的眷村日常。

反迫遷行動告一段落後，社區的元氣大傷，吊腳樓被拆除，共享的廚房也消失，再加上黃媽媽的體力大不如從前，因此春酒就此停辦。關心社區事務的惠娟不願讓維繫家戶情感的味道消失，希望可以重拾社區的傳統，因此決定舉辦中秋烤肉活動，一連辦了兩年，頗有成效，社區圍在有點熟悉卻又略微侷促的公園裡頭，和熟悉的老面孔吃吃喝喝，還是開心。常有人說，眷村菜吃的是「鄉愁」，在這裡，吃的是「存在的喜悅」。

不安

瑠公家園是變動歷史中的集合產物，姑且不論居住正義，在一連串的環境建設中，開闊了視野光線，卻也無形阻隔了人的心理空間。在訪談中，多數老一輩居民認為可以原地居住即是幸福，能夠安居已經是上天的恩賜，對於未來沒有過多的幻想。例如：黃媽媽，其實應該是「黃奶奶」了，一家五口居住在此邁向第六十年頭，原因很簡單，就是幫家族留住「老家」，讓重要節慶時分，分散在各地的孩子、孫子可以回到老宅相聚，讓一大家子的情感可以維繫。另一方面，中生代的居民，尤其是曾經參與反迫遷行動的婦女，一方面懷著「能住多久是多久」的消極想法，另一方面仍擔憂著未來在政黨輪替之後，政策是否又隨之變動，屆時是否又要迎接另一場抗爭？社區還有多少力量得以動員？這種烙印在內心的隱憂，在日常生活中不會說出來，卻也是籠罩在生活之中的惶恐。

結語：留下來就有機會

如同本文所言，瑠公家園反迫遷行動的結果沒有成功，但也談不上失敗。這場看似微弱、低調的行動其價值在於：讓瑠公圳歷史上的這一群「人」，有機會透過集體力量掙得就地安置，展開新的家園計畫。這幾年我參加了幾次由居民主辦的春酒與中秋節烤肉活動，發現越多第二代、第三代加入社區活動，家園人氣漸旺，居民學習成立社區發展協會，以及開設特色小店，重新組織家園的新面貌，縱然波折不斷，然而如同惠娟說的：「留下來，就有機會。」只要有人，社區就有改變的可能。如果再有一次機會，社區希望能夠不要拆除吊腳樓，反而是居民共同商議如何運用某種方式改善衛生，相互配合，不要讓吊腳樓變成是一種破壞市容景觀的因子，其實是吊腳樓讓社區「不一樣」。

全球化相遇地方化的同時，地方將陷入一種文化混合與妥協的局勢，如何透過社群營造的網絡，協助地方重構一個連結地方歷史、文化和生活方式，展現新的再發展意義，這無疑是現今社區營造工作者與規劃者面對文化景觀保存和發展無法迴避的課題。近十多年來台灣文化景觀保存運動的脈動，包括：寶藏巖、樂生、光華社區、公館蟾蜍山等，對於文化景觀的定義早已突破「物化」概念，關注社群、生活、自然、歷史發展進程和在地生活脈絡的再鑲嵌，並從整體保存的角度活化這些文化資產。諸多個案告訴我們，抗爭的結果難以百分之百達到訴求，反而應該在舊的都市形式或制式的體制之中尋求一種共生的模式，甚至是創造一種「協調」的機制。「新北市瑠公家園反迫遷行動」就建構一種「協調」的文化景觀，過程中妥協、調和與融合，讓原本處於邊陲的社區重新與外界展開連結，當然這結果並非亮麗眩目，卻也提供一個重新檢視歷史、生命與景觀的新視角。瑠公家園的文化景觀保存運動並沒有很誇張的「翻轉」動作，此運動反而謙卑地學習如何與體制共存，一如六十年前的老兵一樣。

8

〈地下莖城市的異聲畛域〉多年後

A different Light 不一樣的光

施佩吟——文

二〇一五年，台灣電力公司啟動公共藝術設置計畫，將光作為能源的隱喻，以：「Atlas of Light光版圖」為題，邀請藝術家參與比件，場域就選在以台電企業總部所在位置公館／溫羅汀，範圍包括一樓大廳及週遭環境。一共分為四個子計畫：以環境藝術行動、加羅林魚木永久性作品設置的A案「溫羅汀漫步」、負責環境規劃的B案「Atlas of Light光版圖」、以及台電大樓外部、內部空間永久性作品設置的C案「城市光景」、D案「光譜記」。透過不同子計畫間的相互搭配，將溫羅汀的人文風貌轉化為藝術行動或臨時性藝術裝置、非物質性藝術作品。

這樣的契機來得正巧，距離「溫羅汀閱讀花園」二〇一〇年剛完工時已有段時間，這段期間內「溫羅汀」的場域內發生了不少的變化。獨立書店聯盟描繪地圖的過程中，總能交換不少新的訊息：「晶晶書庫創辦人阿哲去了北京，開了一間雙城書店、唐山書店對街的秋水堂搬去了地下室，一樓換成一間俄羅斯餐廳、漫畫店關起來了、女巫店遇上停業危機（後來沒事）、女書店經營定位調整、永樂座搬到街區內來（後來又搬走），原址變成公共冊所、台大藝術季學生要以溫羅汀為主題舉辦、新生南路要拓寬變林蔭大道，街道家具上可以鑲嵌書店詩句、茉莉書店展店了、政大書城要關了、人籟論辨月刊停刊了、校園書房要拆除蓋大樓了（不過之後會搬回去）、南天書局換新裝了、窯燒比薩被鄰居抗議拉了個布條，得搬家……」。

場域外的場域也一樣熱鬧：「師大夜市那邊的店家很多真的都關了、嘉禾新村似乎保不下來了、蟾蜍山文化景觀未來奮戰期程還長得很……」。這些聽起來像是街道上買菜小婦的交頭接耳，或是非正式的小道消息，滴滴答答聽起來，紀錄著溫羅汀街景每天每日的變化；而不僅是街景，人事物關係默默流轉，未曾有人可以奈何。

原本規劃「溫羅汀閱讀花園」的團隊以「A different Light 給新溫羅汀一道不一樣的光」為主題，獲選A案「溫羅汀漫步」的執行計畫。以地域行動為方法，結合文學、音樂、影像、裝置等跨域媒介，觸發場域探索、實境體驗、另翼文化思考，為承載多樣社區想像的溫羅汀創造新對話，原屬於可以無中心性的開放游移自由連結，因為「加羅林魚木永久性作品設置」掀起了半格點陣的推移大仗，開啟這場行旅不可承受之輕。

誰的主體性？

與溫州公園對望的加羅林魚木，明顯的四季變化及每逢四月綠葉襯白黃相間的花朵，如炸彈般在街角過彎處冒出頭來，在愛好自然、攝影等族群眼中小有名氣。台北市政府文化局將這棵北區罕見的樹木列為受保護樹木，過往民眾只能隔著塗有藍天白雲的圍牆欣賞這「半棵」的大樹。台電公司將部分產權使用空間開放出來，提供給藝術家進行規劃、創作。如何既突顯獨立書店精神又保護這棵樹木、既將空間開放又能使來商圈遊逛的人們「保持適當距離」？而面對「公共藝術究竟是誰」的公共命題，整個公共藝術計畫如何不只是一件永久性裝置的設置，而是將時空視野放大到溫羅汀的脈絡？

策展人劉柏宏提出的《魚木的心跳》理念，用心跳比喻溫羅汀既恆常又無常的生活間歇節奏，也將這棵樹下的國營企業領地開放給公眾視為具有象徵意義的突破。經由公共藝術計畫設置完成的作品，在時間上、空間上的穩定性相對高，再加上區位顯眼，若說它是整個描繪溫羅汀場域的幅緣核心，一點也不為過。空間計劃延續了二〇一〇年設置「溫羅汀閱讀花園」的思考，因為當時各店家將書或作家作品裡的某段文字鑲嵌於銅板上，拼成「書店之詩」鋪面，但因為該綠地屬於暫時性的，終將被地主順天堂藥廠收回，事實上亦面臨著搬遷的命運。這一首一首的詩，字體不一、行距各異，細看略能心領神會各獨立書店的特色，拼湊起來又彷彿能窺見彼此在不同文化領地位置的思辨與對話。迎回「書店之詩」，一直是眾家書店期盼之事。

二〇一六年四月，魚木花開時，再度邀約了書店主人齊聚，為魚木廣場開幕，這回「書店之詩」組合因為重新描繪而有了稍微不同的編排，但依然包括了同志詩人陳克華所寫〈我的肛門主體性〉一詩。從原本參與的十三間書店，增加到了十八間，皆呈現在同一層的不鏽鋼板平面上。唐山書店老闆陳隆昊曾在公開場合說：「這棵樹好像我們溫羅汀的精神象徵一樣。」眾群之喜悅好似等待地下莖匍匐多年，終結小球。

然而，揭幕後的隔天，一場宛如阻止同志文化跨越羅斯福路的大仗悄悄開始。

台電因為是空間的地主，考量媒體報導、以「捍衛兒童權益」為主體的家長社群和宗教社群的壓力下，召開與藝術家的協調會。一位帶著小孩出席會議的家長表示：「雖然這首詩已公開存在多年，但那是因為放在羅斯福路與辛亥路交角的地方，放在地上、不起眼，沒人會注意到，這次是要放在這個大家都會經過的地方，小朋友路過都會看到，並不適合」。最初的報導也以有濃厚的宗教色彩為主的媒體表示反對：〈肛門陽具文字兒少不宜　家長痛批台電公共藝術〉（風向新聞，二〇一六年四月二十九日）。

自「溫羅汀閱讀花園」延伸再製、重置的「書店之詩」銘牌的去留，掀起將近半年時間的社會波瀾。其中，扮演反對方的角色，可從《風向新聞》秘書長身兼基督教台北真理堂傳播部負責人、下一代幸福聯盟代表的多重身分，窺見這嵌有同志書店所選的銘牌詩句表徵的社會爭議。溫羅汀，從真理堂、懷恩堂，以及隱身巷內的還有十九會所、信友堂、台灣基督長老教會總會等基督信仰的大型集會場所，每週日就有上萬人在這一帶進行禮拜。

刻有十八首「書店之詩」的不鏽鋼銘牌究竟可否容下同志詩人陳克華〈我的肛門主體性〉一詩，網路社群也聚集了一股力量，不僅成立了「抗議打壓溫羅汀性別友善藝術空間」的粉絲專頁，訴求反對「同志文化與多元情慾表達在公共空間中被排除」，鼓勵千千萬萬的大眾以行動守護這個空間的異質性。

跨領域作家簡維萱以〈被消失的肛門主體與兒童〉（《聯合報》鳴人堂，二〇一六年五月六日）認為該詩句「未必色情」，而以「保護兒少」之名，實則監控性相關的言論。專欄作家黃星樺投稿〈大學里風波：誰最在地、誰的公共藝術、誰的肛門主體性？〉，直指是肛門／陰道弄髒了大人心中對純潔兒童的想像（《女人迷》，二〇一六年五月六日）。Enkaryon Ang 以臉書網誌〈詩歌中的肛門史〉提示肛門「透過敘事被轉喻成為主體性的試驗……提醒本質化『被殖民』的危險」，指出了以高舉居民旗幟的地緣社群「對於共同體想像的單元貧乏」。

溫羅汀的異質與多樣，許多教派在此有教會或聚會場所，而這裡也同時是亞洲華人地區思想最奔放自由的異聲畛域。看似流動無固著性的社群，因為不被特定利益箝制，不受框線鮮明的地理僵界，擁抱最激進奔放的社會價值，用文字方格在實體城市場域中寸步不移為溫羅汀守下了前進的堡壘。

如今倘若有機會造訪《魚木的心跳》，不妨抱著一顆探索的心。這首詩被以不同時空的疊層安排於表層之下。透過孔洞加以窺看，詩句將躍然於眼前。

再領域化：新溫羅汀

溫羅汀面對時代的變遷，正需要這些一道道不一樣的光，去點亮不一樣的可能。

多樣的跨域串連行動，為溫羅汀連結起一股新溫層，場域從原本以巷弄首字為命名主體的溫羅汀文化空間，逐漸擴散四面八方，影像的、聚落的、藝術的都成了新溫羅汀的歷史斷層切片，空間範圍在此間不斷重新定義，領地邊界隨著事件、議題與群眾，拉起更為密集的新網域陣線。台電總管理處內部大廳向公眾敞開、外部步行環境新添了停留駐足的角落，為了阻卻風在大樓轉角的擾流，透過白色的裝置飄帶改善了微氣候，三不五時可見假日有市集活動、晚間仍然大排長龍等待Live House獨立音樂之聲的樂迷也有了歇腳處。「太陽之詩」、「河飄風」、「樹雨霧」等幾件精彩設計的公共藝術作品拉近了企業總部與市民之間的距離。

隨著事件穿插，自二〇〇四年起倡議的都市文化場域溫羅汀，在時間與行動社群的作用下堆疊起新溫羅汀的社會新意涵。點滴回味，溫羅汀的新領域邊界更擴大了，抬起頭來順著羅斯福路望向更南方，路的盡頭是藍天和可見一座插著電塔的小山丘，蟾蜍山廣場映著山城餘暉正要放起三十五釐米版本的台灣新電影《尼羅河女兒》；搓完湯圓拎著紅色剪紙故事燈，從後山穿過小徑，等個紅綠燈，馬上就是寶藏巖聚落，跌坐回同樣是台電的廣場，眼前竟是公共藝術「鏡山水」，山水之間，又近未遠。

9

〈撐開公共空間的縫隙〉多年後
撐開之後，社群共創

連振佑——文

二〇〇九年底「羅斯福路綠生活軸線」上的綠點一一誕生，至今（二〇一九年）已超過九年。當年沸沸揚揚爭論的「十八個月假公園」至今有三處（雨水花園、閱讀花園）仍提供作為都市開放空間，原生態觀察花園於二〇一二年十二月動土興建大樓並於二〇一六年完工、原開心農場位置甫於二〇一七年底功成身退。

這些「短期開放空間」透過時間證明了Temporary Urbanism的力量，說明了pop-up event對社群與空間、都市發展的影響力。

瓦片傳了好幾次、社會力不斷地滾動累積擴大

當年為了讓更多的市民認識並參與綠點營造，舉辦了「百人接力傳瓦情」活動，讓潛在關心社區環境、認同環保永續再利用的人群走出來參與都市行動，當天超過五百人參與傳遞瓦片，回響非常好。這樣的行動感染了許多里長，後來「瓦片又被傳了好幾次」，在不同的基地上辦理了多次類似的活動。

二〇一二年六月二日泰順街巷內一處老舊日式屋舍即將拆除闢為綠地，當地古風里里長孔憲娟參考了羅斯福路百人傳瓦的經驗，認同屋上的瓦片都是日據時代台灣在

地瓦窯廠生產、具有歷史意義，因此和經典公司取經策畫舉行「屋瓦傳真情」活動。使得羅斯福路「參與式設計」行動開始發酵。

二〇一七年十二月，松山區復建里以「聚寶盆計畫」參與Open Green社區環境改造行動，在舊屋拆除、土地再利用即將啟動之際，居民、協會理事長與當地里長號召同好，把老屋上的舊瓦片卸下來、傳遞保存作為未來的設計，變成施工時能加入的元素。

「台北好好看」政策早已隨時間逐漸成為歷史的文件，然而當初羅斯福路綠生活軸線為創造短期開放空間所策辦、據有核心精神的社會行動卻不斷地遞延擴散，這實質的效益遠超過當時的評價。

開心農場存續約八十四個月，台北市田園城市政策已經啟動

回應在地居民所提出「公園不讓規劃菜畦」而生的開心農場，一直透過台北都會農夫自主營運直到二〇一七年土地要開發而拆除，總共存續約七年（八十四個月）。這期間還有大安區錦安屋頂農園誕生在公有建築屋頂、中山區友誼農場挑戰了在國有地上認養種菜、松山區復建里協調軍方土地闢建為幸福農場。

這些都市裡的菜園都屬於短期開放空間、非法定綠地公園土地使用型態，愛好都市農耕的市民口耳相傳、相互取經，不斷地出現新的改良版認養公約、公田與私田制度，並且成為台北市一股不容忽視的都市農耕社群力量。

適逢台北市長選舉，當時分屬不同政黨立場的候選人紛紛表態支持都市農業、田園城市，當選的新任市長具體落實政見推動「田園城市」相關計畫。原先，短期都市土地使用的政策與工具只是都市更新處因應「台北好好看」所啟動的一個示範點計

畫，星火燎原茁壯成長，擴散到產業發展局、公園路燈管理處等等局處室都一起參與推動的都市農業相關政策計畫。

雨水花園至今仍在，野性的植栽是城市裡難得的角落

「雨水花園」土地所有權人當年買下這宗基地係期待有朝一日整合周邊的透天厝進行都市更新，短期的綠點營造迄今仍存在，見證著都市更新整合不易，證明了在整合完成之前若能闢建為開放空間所具有的公共利益：雨水花園所在的頂東里原本沒有任何法定公園綠地，這塊綠地為里民提供了真實存在的社區開放空間。

當時拆除此處房舍時所衍生的水泥塊，再利用來作為椅子基座，這樣非典型的開放空間及加於其上的工法，經由專家學者的肯定、社區組織與各地里長的取經學習，不僅在台北市許多角落參考推動，並擴散到許多台灣各縣市社區環境改造的案例當中。

除此之外，雨水花園不隸屬於公園路燈管理處所轄，因此這處開放空間裡的植栽採取自然生長，必要時如：阻礙動線通行、造成陰暗角落才進行強制修剪，完全別於法定都市計畫公園內經常由園藝公司進行植栽更換、不斷修剪樹型的管理模式，形成了台北市裡的野性生態綠地。

超過八十七個月（仍持續存在）的雨水花園依然透過「自然的力量」告訴我們：正是因為此地是一個有別於法定公園、小規模開發的模式，因此水泥塊再利用的工法得以在龐大的現代營造體系之外展開，也能藉由各地參與小據點改造的社群來擴散工法經驗；因此自然野性的綠地生態才能在都市中生長，不斷地透過枝葉、生命演替來向所有的市民啟示我們要一個怎樣的都市？如何永續與環保？

社群與社區的界線模糊、公共的多層次被看見了

羅斯福路綠生活軸線推動之後，筆者於二〇一二年二月整理了相關經驗，率先提出「社群協力營造社區」的概念，首場相關演講係當時林崇傑處長邀請，針對台北市都市更新處的同仁發表。這些年來透過所有社區營造工作者、政府部門同仁的努力，不斷鼓吹無論屬地的社群、議題的社群、生活的社群或技術的社群都能夠一起共創、共享社區，例如：「Open Green」評選辦法引導傳統社區組織邀請協同社團組織一起進行社區營造，許多後續的政策已經長出了更多更好的案例與經驗。

非常欣慰的是此刻「社區與社群」的界線模糊了，無論是在觀念上對community在中文語境上跨出認識論上的一大步，或是在操作層面上「社區營造」已經不專屬於「社區組織」獨攬，而捲入了更多「社群團體」，多少都能找到當年羅斯福路綠生活軸線所張開的公共縫隙已經撐大了的「空間」，讓社會力能夠運作，可以說是當年「台北好好看政策」已經完全被挪用，「惡地」裡不僅開花，現在甚至開花結果、分枝散葉。

如今關於「公共」有更多的層次被看見：我們照見都市農耕的社群切入、轉變了社區營造，社區營造由單一集中的中心組織領導逐漸邁入多節點社群共創的新局面。台灣內藏豐富的社會力量，藉由這八年多來的經驗摸索，已然刻劃下深深的印記，等待繼續複寫、疊加出更精彩的下一篇章。

10

〈是！一個人就可以渲染城市的綠色行動〉多年後 後游擊時代？都市開放空間多元型態的觀察

大猩猩游擊隊——文

大猩猩游擊隊的夥伴們，從一口菜開始，以丟種子炸彈、在公有地上種菜等行動推進，以「作公有地的主人」出發，歷經時間的推演下，夥伴們也因人生規劃各奔東西，但近年有相關的公有地、都市開放空間的探討及行動在各個角落發生，幾隻大猩猩也參與其中，邊做邊觀察。二〇一四年後，在食品安全的新聞議題、低碳城市的探討趨勢下，台北市也開始向國外學習，開始倡導都市農耕在城市下操作的可能性。

公有地如何活化使用，一直以來都是民間監督政府所關注的議題。二〇一〇年台北國際花卉博覽會，政府的「台北好好看」系列政策，讓我們在「都市開放空間」的討論及使用上有了更多的論述，像是暫時性使用、私有地形成公共空間的可能、社群協力的空間可能等，延續此脈絡下，現今也在其他角落實踐更多型態的「都市開放空間」，與地方產業結合的「小柴屋」、與氣候變遷環境有關的蓄水綠地環境——「依山小綠洲」，發現台北市有愈來愈多元型態的都市開放空間在各地萌芽著。

社群串連，將園圃行動經驗轉化為公共政策倡議

二〇一四年以前，雖然台灣並沒有具體的都市農耕政策，不過各個都市其實有不

少社區以認養的方式，經營著社區型公共園圃，多半運用公有空地，或是公共建築物（如鄰里活動中心的屋頂）。自二〇一四年五月起，由許多都市農耕參與者和非營利組織工作者，共同開始推廣城市中的都市農耕，希望形成較為具體的倡議內容，一方面鼓勵更多的社區組織與民間團體推動都市農耕，另一方面也訴求各地方政府面對各個社區希望延續或新闢社區園圃的具體需求。社群首先將先期的都市農耕與社區園圃實踐經驗彙整，並且串聯相關民間團體，藉由出版「都市小農。孵」推廣摺頁，傳遞生活農耕的概念與啟動步驟，並且在臉書社團「都市農耕網」聚集越來越多理念相同的人，形成一個關心「都市園圃」、「家庭菜園」、「食物安全」、「政策執行」的公民社群。而當年適逢直轄市市長選舉，都市農耕網也向市長候選人提出具體都市農耕政策四大訴求：

一、認可都市農耕是進步的都市市民應享有的生活權利，積極協助都市市民園圃在各社區普遍推動，以及都市園圃的常設／半永久用地取得。

二、基於都市農耕的社會、文化、生態的多元價值與功能，支持各局處擬定有助於推動都市農耕的政策方案。

三、創造友善政策環境，鼓勵年輕人投入與都市農業相關的創新創業。

四、參考進步城市經驗，積極促進都市農耕的相關立法與修法工作。

當時透過召開記者會、提供訴求文件、促進各候選人瞭解都市農耕對於當代都市的積極意義與效益面向，選後，台北市市長柯文哲，將其「田園城市」政見轉化為市政業務，新北市市長朱立倫，則延續其「生機城市」架構並且針對都市地區推動「可食地景」計畫。選後台中市市政府、新竹市市政府也著手研擬並落實都市農耕政策，亦有在地社區與民間團體實質參與、監督，如「中部食農教育推動聯盟」關注台中市政府相關措施。台南市與高雄市的民間團體則組成「南方食農教育聯盟」，從食農教育的角度出發進行政策倡議，並且於二〇一七年將都市農耕納入針對市長候選人的倡議內容中。

也就是說，都市農耕議題已獲得一定的正當化，並由都市管理者的肯認，研提相關鼓勵措施與規範，對於倡議者而言，需要動態界定「游擊／行動」所希望處理的議題環節及其方式。以筆者參與的都市農耕網社群來說，目前不少志願者們仍持續進行以下工作：

建立公開 Facebook 社團，鼓勵社群資訊分享。

透過社群聚會、線上共筆頁面等方式，累積並整理都市農耕的推動課題現況與可能的對策方向。（http://hackfoldr.org/Taipei-Urban-Agri/）

持續更新全台公共園圃地圖圖資，讓公共型園圃可以更被大眾所認識並造訪。

監督相關市政執行並以年度記者會發布檢視及倡議內容。

對公共空間的好奇與探索，到業界裡邊做邊觀察

大猩猩游擊隊從丟「種子炸彈」開始，希望在公共綠地上發酵討論，喚起大家思考誰才是「公共空間」的主人，不管是從台大圖書館外的綠地、「台北好好看系列二」計畫中的綠地，大面積的綠地，雖乍看下稱之為「公共空間」，但總覺得缺乏一種「人味」，或是獨具特質屬性的「地方感」。這些綠地上總是有熙來人往群眾經過，偶爾少數人踩上這塊地，恣肆地或坐或躺，享受台北難得一見撒下的陽光。

法國人類學家馬克・歐傑（Marc Augé）以「非地方」（non-place），指稱「人們

不必一起生活即可共存或同居的空間」，諸如停車場、機場大廳、電梯、交流道、天橋等，串連不同空間的過度地點。「非地方」具有一種無歸屬感、無歷史性、短暫感知經驗的特質。

回顧著二〇一〇至二〇一一年期間，台北市因花博而產生的「台北好好看系列二」計畫的私有地改造成公共綠地的空間中，或許有人帶著批判的角度吶喊著「假公園」，卻也發現了羅斯福路上幾處有趣的空間，古亭國小對面的鑰匙孔花園，每天都有阿嬤們來澆水，細心照料著這裡的蔬菜們，還會彼此分享著收成與種植技巧。這些婆婆媽媽的認養，並定時與這塊土地的對話，讓這塊「假公園」充滿著更多特別的生氣！

發現這塊空間後，也更進一步思考大猩猩們一直以來探索的「公共空間」議題，誰在使用？誰是主人？又怎麼樣變成有人味的空間？發展成「菜圃」的鑰匙孔花園，有固定的一些人來澆菜、關心，且多為社區居民，進一步來說，該地可視為某種「社區的公共空間」。仔細盤整古亭國小對面菜圃的土地權屬，其實並非「公有地」，而是屬於冠德建設所擁有的「私有地」空間。經過了花博的洗禮，公共空間論述確實產生許多火花，私有地有機會成為「公共空間」。在這樣的城市論述下，民間組織對於都市開放空間的探討，針對權屬、使用形式也發展出更多行動計畫。

11

〈樂生啟示錄〉後記
何去何從？「活聚落」與「樂生活」

顏亮一——文

二〇一三年六月，捷運新莊蘆洲線在新莊機廠尚未完工的狀態下全線通車，但捷運機廠的興建已經對樂生療養院的建築物造成不可回復的破壞。持續下滑的山坡，讓選擇居住於樂生療養院舊院區中的院民生活岌岌可危，面對地面越來越寬的裂縫、龜裂的建物外牆，樂生療養院似乎以肉眼可見的速度逐步崩毀。

面對如此嚴峻的公共安全危機，樂生青年聯盟提出了新莊捷運機廠遷廠計畫，喊出「遷移機廠，重建樂生」的計畫，建議將捷運遷廠遷至樹林，回填土方以確保整體院區的安全性。然而，遷廠議題從二〇一三年提出後，直至二〇一五年三月，台北市捷運局才召開「新樹林案」評估研討會加以研議。而在這兩年期間，為了暫時維護院內建物之安全，捷運局曾於二〇一四年為部分建物架設鋼棚架，用以穩定建物之結構；而在二〇一六年，樂生療養院院方也出資架設「王」字型建築及其附屬建物之鋼棚架，試圖以較簡易的方式阻止建築物之傾壞，無奈成效有限。而捷運遷廠的方案更因整併困難，終於胎死腹中。最後，樂生的走山問題，由捷運局採取部分機廠用明挖覆蓋的方式並定期進行地質監測，整個走山情形才逐漸穩定下來。

另一方面，政府在民間團體壓力下，從二〇〇八年後，相對比較積極推動樂生院的保存方案。例如，新北市政府文化局（原台北縣政府）於二〇〇九年將樂生療養院登錄為歷史建築及文化景觀，並於二〇一二年成立新莊樂生療養院保存推動委員會，二〇一四年九月完成「文化景觀保存計畫」，奠定後續規劃基礎。

而衛生福利部則編列了十億七千萬預算，預計打造「樂生文化園區」，內容包含修復六十二棟建築物、成立「漢生病醫療史料館」，並將園區定位為「樂生活聚落」，給居民續住，並在未來逐步轉型為有其他使用者進駐的場地。整體計畫預計於二〇二二年完成建物修復及景觀工程，並以委託民間廠商經營之方式營運整個文化園區。在此同時，文化部也積極推動樂生療養院登錄世界文化遺產之「負面世界文化遺產計劃」，進行漢生病歷史及人權文史蒐集、紀錄片攝製等。我們可以看到，透過此間種種舉措，政府也開始在樂生維護保存的進程，踏出善意的步伐。

然而，儘管有這些規劃，政府實際的步伐卻在多方利益和文化人權糾纏角力的岔路上游移不定。硬體層面和歷史文化保存面向猶如多頭馬車般的混亂行進，主責單位不明，終使樂生課題成為政府的燙手山芋。舉例來說，樂生文化園區計畫尚未核定時，在二〇一六年由國發會協調，交通部、台北市、新北市共同出資，由捷運局興建的樂生聯外陸橋就引發爭議。此陸橋從樂生療養院「王」字型建築前延伸至中正路，尾端與中正路有十公尺的高差，造成要到樂生療養院必須搭乘電梯，便利性極差，也無法重現樂生原有地景。因此樂生青年聯盟和台大城鄉基金會劉可強老師、台灣歷史資源協會喻肇青老師等專家討論後，提出「樂生大平台」方案。此案設計了一個緩坡連結院區與中正路，並恢復舊有療養院地景及具代表性之Y字型道路，但也使得捷運機廠需要減軌覆土，此提案胎死腹中。最終蓋出來的陸橋，因入口意象遲遲無法使民眾滿意，於是擱置，造成面向中正路段，如同懸崖般的聯外路橋，成為另一個「奇觀」。

時至二〇一八年底，捷運新莊線通車至迴龍站已過五年，樂生療養院在政府政策糾葛間，仍巍顫顫矗立坡地，似乎孤立無援，與樂生院民一同凋零。政策應付社會運動所產生的權宜之計皆阻礙樂生療養院重建運動之推行，爾後重建的顛簸路途，樂生療養院該何去何從，仍然未曾有一個明朗的方向。如何與政府溝通，以影響政策、建構良善的對話平台發揮影響力、以及拉高對話層級使樂生療養院能在眾多文化資產保存議題中脫穎而出，打造同時並存的樂生「活聚落」與「樂生活」聚落，將會是未來樂生保存運動推動者、關心文化資產與社會正義廣大市民必須面對的重要課題。

（本後記的撰寫過程中，感謝張耕蓉女士提供相關資訊，方得以完成。）

左岸設計 289

主　　編　侯志仁
總　　編　黃秀如
責任編輯　林巧玲
行銷企劃　蔡竣宇

社　　長　郭重興
發行人暨出版總監　曾大福
出　　版　左岸文化出版社
發　　行　遠足文化事業股份有限公司
231 台北縣新店市民權路 108-2 號 9 樓
電　　話　（02）2218-1417
傳　　真　（02）2218-8057
客服專線　0800-221-029
E-Mail　rivegauche2002@gmail.com
網　　站　facebook.com/RiveGauchePublishingHouse

法律顧問　華洋國際專利商標事務所　蘇文生律師
印　　刷　呈靖彩藝有限公司
初版一刷　2013 年 9 月
增訂一版　2019 年 5 月
定　　價　450 元
I S B N　978-986-5727-94-9

反造城市
非典型都市規劃術
（增訂版）
CITY REMAKING

反造城市：
非典型都市規劃術
侯志仁主編.
－增訂一版.
－新北市：左岸文化出版：
遠足文化發行，2019．05
面；　公分.
－（左岸設計；289）
ISBN 978-986-5727-94-9
（平裝）
1. 都市計畫 2. 社區總體營造
545.14　108006672